기대하지 마라

.

자유롭고 행복한 삶을 사는 절대 비결

기대하지 마라

데번 프랭클린 지음 · 박선령 옮김

LIVE FREE

위너스북 WINNER'S BOOK

새장에 갇힌 모든 새들에게⋯⋯

이제 자유롭게 날아갈 때가 됐다.

당신은 자유롭게 살고 있는가?

내가 누군지 알게 되면, 난 자유로워질 것이다.

랠프 엘리슨(Ralph Ellison) 소설가

―――――

날고 싶다면 자신을 짓누르는 나쁜 것들부터 버려야 한다.

토니 모리슨(Toni Morrison) 소설가

내가 이 글을 쓰는 2020년 여름, 우리는 코로나19 대유행의 한가운데에 있다. 고립과 외로움, 절망이 폭발적으로 증가하면서 우리 삶은 우리가 통제할 수 없는 방식으로 영구적인 영향을 받았다. 그러면서 일자리, 회사, 집, 삶, 생계가 사라지고 있다. 그와 동시에, 조직적인 남녀차별과 불평등에 대한 반발이 고조되고, 더 큰 연민과 형평성에 대한 요구가 커지면서 긴장이 극에 달하고 있다. 심지어 앞으로 나아가기 위한 확실한 경로가 차단되었다. 빚이 불어나고, 실망감은 고조되고, 희망이 사라지고 있다. 이건 우리가 기대했던 현실이 아니다.

우리가 정신없이 사는 동안 애써 외면했던 내면의 현실적인 문제들이 수면 위로 떠올랐다. 현재의 문제는 우리가 예전부터 느끼던 것들, 즉 불안감과 피로감, 스트레스, 그리고 우리가 가장 아끼는 이들과 단절되어 있다는 기분을 악화시킨다는 것이다. 정상적인 삶이 중단되기 전에 우리들 대부분은 모든 사람이 연마해야 하는 문화적 이상에 부응하기 위해 너무 많은 일을 했고, 그에 따르는 대가를 치르고 있었다. 그리고 성공하려면 아주 바쁘게 살아야 한다고 생각했다.

지금 우리는 그 중간 지점 어딘가에 갇힌 채 이제 어디로 가야 할지, 어떻게 삶을 재건해야 할지 잘 몰라서 막막해하고 있다.

'여기서 어떻게 살아남아야 하나? 이 상황을 어떻게 헤쳐 나가야 하나? 내가 통제할 수 없는 수많은 요인들을 어떻게 이겨내야 하나? 어떻게 살아야 내가 생각하는 삶을 살 수 있을까?' 등 궁금한 게 많을 것이다. 여러분은 혼자가 아니다. 나도 이와 똑같은 질문을 곰곰이 생각해봤다. 개인의 자유와 행복을 높이는 방향에서 답을 찾은 결과, 몇 가지 놀라운 발견을 했다. 팬데믹이 시작되기 전에도 삶을 최대한 활용할 수 있는 비결을 깨달은 적이 있는데, 세상이 뒤집어진 지금은 이 발견이 훨씬 더 시급하다는 사실이 증명되었다.

여기서 내가 알게 된 것은, 통제되지 않는 기대는 불행한 삶으로 이어진다는 것이다.

이건 아무도 얘기하지 않는 진정한 비밀이다. 우리가 그렇게 많은 어려움을 겪는 이유는 삶 그 자체 때문이 아니다. 지금까지 살면서 기대한 것들, 그리고 기대가 이루어지지 않았을 때 속상한 마음 때문이다.

내게 조언을 구하는 사람들은 대부분 아직 일어나지 않은 일 때문에 자기가 얼마나 비참한지 불평을 늘어놓는다. 그게 기대와 관련된 심각한 문제 중 하나다. 이 문제는 우리가 현재에 충실하면서 그 과정을 즐기고, 지금 가진 것에 감사하지 못하도록 방해한다. 대신 자기가 갖지 못한 것에 집착한다. 현실적으로 가능성이 있든 없든 상관없이 자기가 받으리라고 기대하는 것에 집중하느라 다른 일을 돌아볼 경황이 없다.

우리 관심의 초점이 가지 말아야 할 방향, 즉 자기가 아니라

기대하지 마라

다른 사람이나 외부의 상황 쪽으로 쏠린다. 그러면 본인의 선택에 온전히 책임을 지면서 만족감을 느끼기가 힘들다. 지금 존재하는 시간(현재)을 최대한 활용하기보다, 아직 존재하지 않는 시간(미래)에 행복과 만족감, 평화를 위탁한다. '내가 이 일자리를 얻거나, 승진하거나, 결혼하게 된다면…… 그럼 행복할 거야'라는 기대를 한다. 그러나 지금 행복하지 않은 사람은, 그때가 되어도 행복하지 않을 것이다.

이 책을 통해 기대를 안고 사는 삶과 자유를 가졌을 때의 삶을 비교하며 배워보자. 행복한 삶을 위한 조건이 무엇인지 깨달을 수 있을 것이다.

들어가며   6

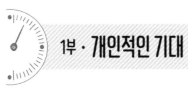

1부 · 개인적인 기대

1장 ─ 기대의 위험   18

기대가 폭로한 현실   26

여러분은 자유롭게 살고 있는가?   28

스스로 자유를 찾자   30

2장 ─ 인생을 움직이는 비밀 소프트웨어   35

미스터 퍼펙트의 명복을 빕니다   38

운영 체제의 버그 제거   43

우리가 생각하는 대로 이루어진다   47

선택은 여러분의 몫이다   49

3장 ― 성공을 준비하라   53

여러분은 뭘 얻을 수 있는가?   57

그들이 아니라 자신을 위해 진짜 자아를 찾자   62

내가 만든 틀에서 깨어나자   65

4장 ― 여러분의 기대는 비현실적이다   72

비현실적인 기대란 무엇인가?   75

비현실적인 기대는 미래의 분노다   76

현실적이지 않은 기대에 부응해야 한다는 압박감   79

지나친 노력의 대가   82

스쿨 오브 락의 기대   84

실제로 통제할 수 있는 것   87

5장 ― 자신의 기대를 전달해야 한다   92

의사소통의 기초부터 배워보자   94

거절의 말을 듣는 건 언제나 쉽지 않은 일이다   97

기대치 재설정   100

2부 · 문화적 기대

6장 — 문화를 위해서가 아니라 자신을 위해서 하라　　106

캔슬 문화　　110

이것은 여러분이 살아갈 인생이다　　114

어디에서 왔든 상관없이 마음 가는 대로 하라　　119

대가를 치러야 한다　　121

7장 — 믿음: 진정한 육감　　127

믿음의 자리에 오르자　　129

참여해야 목적지까지 갈 수 있다　　133

자동 조종 장치에 인생을 맡기지 말자　　135

8장 — 희망을 되찾자　　138

실망의 참상　　142

희망을 가져야 한다　　146

정보 처방　　149

용감하게 희망을 품자　　152

3부 · 관계에 대한 기대

9장 — 중요한 건 그들이 아니라 당신이다   158

모든 걸 끝내려고 하는가?   162

완벽한 관계에 대한 근거 없는 믿음   164

나를 행복하게 할 수 있는 건 나뿐이다   168

섹스에 대해 얘기해 보자   170

'결혼 서약'에 대한 기대   177

기대감 때문에 결혼하지 말자   180

우정에 대한 기대치를 버리자   181

10장 — 침묵은 치명적이다   187

의사소통이 안 되면?   188

상대가 기대를 충족시켜 주지 못하면?   190

왜곡된 시선말고 새로운 렌즈로 보자   198

예상하기보다 설명하라   200

여러분이 제어할 수 있는 건 여러분 자신뿐이다   202

말하는 데 있어서 가장 중요한 것은 듣기다   204

11장 ── 독신은 질병이 아니기 때문에 치료법이 없다   209

　독신의 좋은 점   212

　지금 여기에서 행복을 느끼자   215

　관계 초반에 기대치를 정하라   216

　데이트 입문: 어디로 가는 걸까?   218

　과거를 놓아주자   222

4부 · 직업상의 기대

12장 ── 과정이 곧 결과다   228

　나의 기대 분석   233

　결과에 대한 집착을 버리자   237

　과정을 완벽하게 다듬자   239

13장 ── 목표 수정   245

　현실적인 목표를 세우자   247

　인생의 GPS 시스템 설정   256

　인생은 살아가기 위한 것이다   259

　전례없는 상황이 오면 단기적인 목표로 수정하자   261

목표를 달성하는 비결　　263

더 좋은 상사가 되자　　265

14장 ― 성공하려면 기대치를 넘어서야 한다　　273

정보에 중독되다　　274

상사에 대해 배우자　　279

소통하고, 소통하고, 또 소통하라　　282

기대치를 충족시키는 게 아니라 초과 달성하자　　285

15장 ― 자신의 감정을 느끼자　　288

잠재력을 드러내라　　291

그만둬도 괜찮을 때　　293

더 많은 성과 달성　　296

흐름을 따라가자　　297

예상치 못한 결과를 예상하자　　299

에필로그　　304

자유로운 기분으로 진정한 자신이 되자　　305

1부

개인적인 기대

LIVE FREE

······ **1장** ······

기대의 위험

우리는 자기 자신의 가장 나쁜 적이다. 본인이나 다른 사람에게 불가능한 완벽을 기대하는 걸 그만둘 수만 있다면, 항상 우리를 피해 가던 행복을 찾을 수 있을 것이다.

리사 클레이파스(Lisa Kleypas) 소설가

─────────

기대는 섬세한 도자기 같아서 세게 쥐면 쥘수록 깨지기 쉽다.

브랜든 샌더슨(Brandon Sanderson) 소설가

기대는 곧 중압감이다. 그 무게가 우리를 육체적으로 짓누를 수 있다. 또 정신적으로, 영적으로 짓누를 수도 있다. 기대는 자신의 과거나 미래, 타인 등 별로 집중하지 말아야 할 대상에 지나치게 집중하게 하고, 지금 이 순간 나의 행복과 선택에 대한 책임을 받아들이지 못하게 방해한다. 기대를 많이 품을수록 우리 삶은 힘들어지고 목표는 더 멀어진다.

너무 많은 기대는 우리를 무너뜨릴 수도 있기 때문에 위험하다. 날아오르려면 먼저 과도한 기대부터 떨쳐내야 한다. 적당한 기대치를 정하려면, 지금까지 의식하지 못했던 것들을 비롯해 평생 짊어지고 왔던 일을 상당 부분 놓아줘야 한다.

여기에서는 우선 개인적인 기대와 그것이 어떻게, 왜 해로운지, 그런 기대를 적절히 조절하면 우리 삶에 어떤 강력한 변화가 나타나는지부터 살펴볼 것이다. 하지만 핵심적인 과정에 진입하기 전에 먼저 기대감의 근원부터 살펴보자. 와이오밍 대학의 협력확장서비스에서 일하는 가족생활 전문가 벤 실리먼(Ben Silliman)의 말에 따르면, 우리는 보통 어릴 때부터 무의식적으로 의도치 않게 어떤 기대를 품게 된다고 한다. 따라서 자기가 어떤 기대를 품고 있고 그 근원은 무엇인지부터 파악하는 게 중요하다. 그는 다음의 3가지가 기대의 주요 근원이라고 말한다.

• **가족**: 부모/조부모의 모범, 친척이나 형제자매의 태도

- **사회:** 친구/회사 동료, 이웃, 학교/회사/종교모임, TV/미디어
- **개인적인 경험과 선호도:** 상처, 사건, 희망

나는 실리먼의 목록 외에, 경력이나 직업 생활도 우리가 품고 있는 기대의 잠재적인 원천으로 추가할 생각이다. 이 원천은 모두 다양한 수준의 영향을 미친다. 하지만 우리는 각자의 인종과 성별, 경제적 지위, 종교적 배경, 가족, 사회적 집단, 직장과 관련된 기대도 짊어지고 있다.

특정 집단에 속한 탓에 생긴 기대에 부응해야 한다는 압박감도 크다. 옷은 어떻게 입어야 하고, 어디에 가야 하고, 어떤 음악을 들어야 하는지부터 지켜야 할 행동양식 등 인간의 기본적인 바탕과 관련된 것까지 다양하다.

소속된 집단이 딱 하나뿐이더라도 이런 기대에 압박감을 느낄 것이다. 하지만 우리는 대부분 여러 개의 집단에 속해 있고, 각 집단마다 우리에게 거는 기대치가 다르다. 예를 들어, 나는 흑인이고 기독교도이며 아들이고 형제이고 남편이고 친구다. 또 작가면서 할리우드에서 일하는 제작자이기도 하다. 세간의 주목을 받는 사람이라는 얘기다. 그러니 이런 다양한 역할이 한 사람에게 얼마나 많은 기대를 걸게 만드는지 알고 있다. 많은 이들이 내가 속한 집단을 바탕으로, 그들이 그래야만 한다고 여기는 방식대로 생각하고 행동하기를 기대한다는 걸 잘 안다.

바로 이게 문제다. 여러분이나 나나 특정한 기대에 부응하지 못하면 비난받고, 평가받고, 어쩌면 외면당할지도 모른다. 부정적이거나 비열한 생각을 품었기 때문이 아니라, 우리가 속한 다양한 집단의 몇몇 사람들의 생각과 일치하지 않는 믿음을 가졌다는 이유로 말이다. 그래서 우리는 종종 자기도 모르게, 어떤 일을 하고 싶지 않더라도 만약 그걸 하지 않으면 어떤 일이 벌어질까 하는 두려움 때문에 남들이 우리에게 기대하는 바에 순응한다. 하지만 어떻게 이런 것이 정상적인 삶의 방식이 될 수 있을까? 그건 불가능한 일이다. 이런 기대는 우리를 압도하고, 사기를 떨어뜨리고, 지치게 하고, 우리의 행복을 완전히 파괴할 수 있다. 그런데도 우리는 대부분 항상 이런 식으로 살고 있다.

다른 사람이나 여러분이 속한 집단이 여러분에게 어떤 기대를 걸고 있는지 곰곰이 생각해 본 적이 있는가? 없다면, 지금이 적기니까 생각해보자.

예를 들어, 남자라면 이렇게 생각해야 한다. 여자라면 저렇게 생각해야 한다. 젊은이라면 이런 걸 좋아하게 돼 있다. 성공한 사람은 이런 차를 몰고 다녀야 한다. 소셜 미디어 인플루언서라면 팔로워 수가 이 정도는 돼야 한다. 어디서 많이 듣던 얘기 같은가? 무의식적으로 이런 기대에 부응하려다 보면 상당한 고통이 따른다.

전에는 나도 남들의 기대에 부응하려고 애썼다. 그리고 그런 자신에게 화를 냈다. 여러분도 지금 그렇게 행동하고 있을지도 모른다. 하지만 그게 정말 그럴만한 가치가 있는 일일까? 남들의 기대에 따르는 것이 본인이 옳다고 생각하는 방식대로 살 권리를 옹호하거나 당장은 더 쉬워 보일지도 모르지만, 결국엔 큰 대가를 치르게 된다. 그런 삶을 장기적으로 이어가려다 보면 분노부터 자기 파괴적인 행동에 이르기까지 여러 가지 부정적인 영향을 겪게 될 것이다.

이건 누구에게나 영향을 미칠 수 있다. 대중 음악계에서 센세이션을 일으킨 데미 로바토(Demi Lovato)가 인터뷰를 통해 공개적으로 밝힌 바에 따르면, 일정한 수준의 신체적 완벽함을 유지해야 한다는 압박감이 너무 컸던 탓에 결국 매우 위험한 행동을 할 수밖에 없었다고 한다. 비참한 기분이 너무 심해서 6년간 끊었던 술까지 과음하게 되었다.

2020년 3월에 〈엘렌 쇼(The Ellen Show)〉에 출연한 그녀는 다른 사람들이 자기 행동의 모든 부분을 통제했는데 특히 음식 섭취를 엄격하게 관리했고 사진 촬영 전에는 더 심했다고 설명했다. 그녀는 무력감과 비참함을 느꼈다. 게다가 예전부터 겪고 있던 섭식 장애에 대해서는 아무런 도움도 받지 못했다. 결국 일정한 몸매를 유지하는 건 팝 스타로서의 역할에 따라오는 기대 중 하나였다. 이렇게 불안감과 불행이 뒤섞인 최악의 상황은 그녀가 감당하기에는 너무 벅찼다.

"지난 6년 동안 내 삶이 아닌 듯한 삶을 살았습니다. 이런 식으로 표현하기는 싫지만, 내 삶이 마치 주변의 많은 사람들에게 조종당하는 듯한 기분이었어요. …… 이렇게 불행한 상황에 처한 채 옴짝달싹 못한 거예요. 지금처럼 멀쩡한 상태에서는 혼자 생각하곤 하죠. '6년 동안 술을 끊고 지냈는데, 지금 비참해. 술을 마실 때보다 더 비참한 기분이야. 왜 내가 술을 안 마셔야 하는 거지?'"

로바토가 중독 문제가 재발할 위험이 있다고 매니지먼트 팀에게 처음 경고하려고 했을 때, 그녀는 "매우 이기적이고 당신뿐만 아니라 우리까지 신세를 다 망치게 될 것"이라는 말을 들었다. 로바토는 자유로워질 수 있는 더 건전한 길은 없다고 생각하게 되었고 버림받은 기분까지 느꼈다. 이로 인해 어린 시절의 트라우마가 되살아났고 결국 다시 술을 마시는 데 영향을 미쳤다. 그녀는 중독 증상이 처음 재발한 뒤, 2018년에 발표한 〈소버(Sober)〉라는 노래에서 이 사실을 털어놓았다. 하지만 노래가 발매되고 한 달 뒤에 상태가 더 심각해져서 집에서 의식을 잃은 채 발견된 로바토는 일반적으로 오피오이드(Opioid. 아편과 비슷한 작용을 하는 합성 진통마취제-옮긴이) 과다 복용을 치료할 때 사용하는 나르칸(Narcan. 마약 해독제)으로 치료를 받았다. 급히 병원으로 옮겨진 그녀는 중독 치료를 받을 수 있을 정도로 상태가

안정될 때까지 며칠 동안 병원에 입원해야 했다.

다행히 이 시련을 이겨내고 3개월간 재활 시설에 머물다가 나온 로바토는 자기 삶에는 중독과 섭식 장애를 해결하는 것 이상의 변화가 필요하다는 사실을 분명히 했다. 그녀는 매니지먼트 팀을 해고하고 새 매니저를 고용했는데, 〈버슬(Bustle)〉 잡지와의 인터뷰에서 말한 바에 따르면 새로운 매니저는 몸이 아닌 음악에 다시 집중하고 싶다는 그녀의 바람을 지지해줬다고 한다.

그녀는 남들이 기대하는 모습이 자기가 되고 싶은 모습과 일치하지 않는다는 사실을 깨달았다. 그래서 자신의 신체, 예술성, 행복에 대한 기대치를 스스로 정했고, 덕분에 현재 그녀의 삶은 전보다 나아졌다. 본인에게 필요한 치료법을 찾아냈을 뿐만 아니라 다른 사람들의 건강하지 못한 기대에서 벗어나기 위해 용기를 낸 로바토에게 박수를 보낸다.

그리고 이 일을 해내겠다는 여러분의 용기에도 미리 박수를 보낸다. 여러분도 몸에 안 좋은 습관을 가지고 있는가? 아마 그 습관은 여러분이 원하지 않거나 충족시킬 수 없다고 느끼는 기대 때문에 생긴 압박감과 관련이 있을 것이다. 그 아래에 뭐가 놓여 있는지 보지 않고 행동만 바꾸려고 노력한다면 스스로를 치유하는 데 어려움이 있을 것이다. 사실 나쁜 습관을 정복하려면 다른 나쁜 습관을 들이는 수밖에 없다. 남의 기대를 짊어지고 사는 게 그만큼 해로운 것이다.

스스로에게 물어보자.

- 내가 최고의 삶을 사는 데 방해가 되는 건전하지 못한 습관은 무엇일까?
- 내가 나 자신이나 다른 사람의 비현실적인 기대에 부응해야 한다는 압박감 때문에 하고 있는 행동이 있는가?
- 이런 기대의 압박감 때문에 내가 달성할 수 있는 목표에 초점을 맞추지 않고 미래에 대한 환상에 빠져들게 되었는가?
- 이런 기대에서 벗어나 더 건전한 방식으로 현재에 집중하려면 어떤 조치를 취해야 할까?

우리는 스스로에게 자유를 허락해야 한다. 우리가 스스로 정하지 않고 동의하지도 않은 모든 기대를 떨쳐내고, 다른 사람이 우리를 위해 선택한 방식이 아니라 스스로 선택한 방식대로 생각하면서 살아갈 수 있어야 한다. 또 자신의 불완전함을 받아들여야 한다. 우리가 여정의 어떤 단계에 있든, 무조건적인 자기애와 수용을 찾는 것이 최고의 자아를 발휘할 수 있는 자신감을 향해 나아가는 첫걸음이다.

기대가 폭로한 현실

자기가 인생의 실제 사건에 반응하고 있지 않다는 사실조차 인식하지 못할 수도 있다. 대신, 자기가 생각하기에 꼭 일어났어야 했던 일, 일어나지 않은 일, 일어날 수 있었던 일에 대한 기대에만 반응하고 있다. 솔직히 말해서. 여러분이 지금 이런 상태라면 가혹한 진실을 하나 알아야 한다. 지금 여러분은 자신의 삶을 통제하지 못하는 상태다. 기대감이 여러분의 삶을 좌우하고 있다. 그리고 어쩌면 이 때문에 인생을 망칠 수도 있다.

자기 내면의 목소리를 따르기보다 부모나 친구, 연인, 배우자, 혹은 다른 누군가의 기대에 따라 살아가느라 인생을 낭비한 이들이 얼마나 많을까? 말도 못하게 많다. 어쩌면 이 글을 읽는 여러분도 똑같은 함정에 빠져 있다는 걸 내심 알고 있을 것이다. 하지만 이제 걱정할 필요 없다. 내가 여러분을 도우려고 알고 있는 지식과 견문을 여기에 담았으니까. 이 책을 다 읽을 때쯤에는 다른 사람이 여러분에게 건 기대에 따라 살아가는 게 아니라 원래 나의 삶을 살고 있을 것이다.

내 경우에는 나 자신의 삶과 때때로 힘들었던 부분을 살펴보고, 내 기대가 불행에 기여한 건 아닌지 자문하는 쪽에 모든 초점을 맞췄다. 내 직업의 특정한 측면, 결혼 생활의 어떤 부분, 아직 달성하지 못한 개인적인 목표 등 내가 불만을 느끼는 부분을 모두 살펴봤다. 그리고 스스로에게 질문을 던졌다. 내 불행의 원인은 무엇일까? 이 분석은 믿을 수 없을 정도로 강력한 힘을 발휘했다. 나는 불필요한 기대 때문에 부담감을 느낀다는 사실을 곧 깨달았는데, 그중 상당수는 아예 깨닫지도 못했던 것들이다. 이 모든 걸 곰곰이 되새기면서 내가 부족하거나, 잘하지 못하거나, 많은 걸 받지 못한 게 문제가 아니라는 것을 알게 되었다. 나 자신과 다른 사람, 환경, 상황에 대한 기대가 통제되거나 정해져 있지 않았다. 그래서 기대가 날 짓누른 것이다.

그런 다음, 자신의 삶과 직업에 도움을 받으러 온 사람들에게 이 렌즈를 적용해봤다. 그들이 원하는 승진이나 동료들과 비교해 본인의 노력에 대한 보상을 계산할 때 비현실적인 생각을 품고 있는 게 보였다. 아니면 오랫동안 사귄 사람이 있는 경우 그 사람의 변화에 대해 비현실적인 생각을 갖고 있었다. 이런 것들이 바라던 대로 이루어지지 않을 때마다 내면의 실망감이 그들을 집어삼켰기 때문에, 결국 그들이 좋아하고 통제할 수 있는 삶의 측면을 보지 못하게 되었다.

그리고 우리나라와 우리가 왜 이런 상태에 처했는지 알아보기 위해 주위를 둘러봤다. 우리는 아무래도 기대치를 제대로 정하지 못한 것 같다. 물론 그렇다고 해서 주변에 의존하지 말라는 얘기는 아니다. 필요할 땐 의지해야 한다. 하지만 어떤 기대가 있을 때, 때로는 그 일을 반드시 완수해야 책임을 면할 수도 있다.

여러분은 자유롭게 살고 있는가?

자유롭게 사는 것. 그게 우리 모두가 진정으로 원하는 것 아닌가? 자유로워지자. 다른 사람들이 우리에게 기대하는 것에 부응하거나 만회하기 위해 노력하는 부담과 스트레스에서 자유로워지자.

자유롭게 산다는 것은 누군가 혹은 무언가의 정신적, 육체적, 감정적 통제를 받지 않는 것을 의미한다. 여러분은 본인이 선택한 기대치에 따라 살아가는 것이다.

여러분은 너무 오랫동안 자신의 힘을 다른 사람이나 주변 환경, 상황에 넘겨준 채로 살았다. 자유롭게 살겠다고 다짐했으니, 이제 그 힘을 되찾아야 할 때가 됐다.

자유롭게 산다는 것은 다른 이들이 여러분을 어떻게 생각할 것인가에 대한 걱정을 훨씬 줄이고, 다른 이들이 기대하는 모습이 아니라 지금 자신의 모습에 완전히 만족하는 것이다.

물론 사람마다 자유를 경험하는 방식은 전부 다를 것이다. 그렇다면 여러분이 생각하는 자유로운 삶의 모습을 정의해야 하는데, 직접 한번 상상해보자.

- 타인의 시선을 신경쓰지 않는 자유로운 삶은 어떤 기분이 들까?
- 진정한 내가 된다면 나는 어떤 사람이 될까?

자, 그럼 지금부터 이 질문에 대한 답을 실천할 준비를 하자. 자유롭게 살려면 기대를 최대한 많이 떨쳐버리고 남은 기대를 잘 정리해야 한다. 이 과정은 기대치를 명확하게 하고 적절히 관리하는 데 도움이 된다. 그러면 삶의 모든 영역에서 엄청난 발전이 이루어질 것이다.

여러분이 품은 불만의 원인인 오해나 잘못된 목표를 평가해서 놓아버리고 나면, 기대치를 적절히 조절해서 가진 것이 적어도 더 풍요롭게 살 수 있다. 적절한 기대치를 정하려면 다음과 같은 중요한 질문 두 가지를 자신에게 던지기만 하면 되는데, 이와 관련해서는 뒤에서 더 자세히 살펴볼 것이다.

- 이건 현실적인 기대인가, 비현실적인 기대인가?
- 말로 표현된 기대인가, 무언의 기대인가?

무엇이 현실적이고 비현실적인지, 말로 표현한 것과 표현하지 않은 것의 차이는 무엇인지 이해하는 방법을 알려주겠다. 이 과정에서는 자기 자신과, 그리고 가장 가까운 사람들과 힘든 대화를 나눠야 한다. 하지만 그걸 통해 즉각적으로 엄청난 이익을 얻을 수 있다.

이 여정을 통해 자기가 진짜 어떤 사람이고, 남들이 기대하는 모습이 아니라 무엇을 진정으로 소중하게 여기며 인생에서 정말 원하는 건 무엇인지 명확히 할 수 있고, 이를 통해 지금 여기에서 스스로 선택한 삶을 살 수 있게 된다.

이 사실을 내 삶에 적용하면서부터 스트레스 수준이나 행복감, 전반적인 성향에 근본적인 변화가 생겼다. 좀 더 유연해졌고 예전 같으면 속상해했을 내 삶의 변화를 받아들이는 데도 도움이 됐다.

기대치가 제대로 설정되면, 우리가 항상 바라왔고 또 마땅히 누릴 자격이 있는 삶을 위한 무대가 마련된다. 이 책이 여러분에게 커다란 치유의 힘을 안겨줄 수 있기를 바라며, 보다 자유롭고, 만족스럽고, 감사한 삶으로 이끌어주길 바란다. 머나먼 미래가 아닌 바로 지금 여기 여러분의 내면에서 여러분의 행복이 여러분을 계속 기다리고 있다.

스스로 자유를 찾자

여러분 삶에서 기대가 작용하는 4가지 주요 영역은 다음과 같다.

- **개인:** 자신에 대한 기대
- **문화권:** 문화권에 대한 여러분의 기대와 문화권이 여러분에게 거는 기대

- **관계:** 타인에 대한 여러분의 기대와 타인이 여러분에게 거는 기대
- **직업:** 경력에 대한 여러분의 기대와 직장에서 여러분에게 거는 기대

좀 더 자유롭게 살려면 이 영역을 모두 통제해야 한다. 그러려면 자신의 기대치를 일일이 평가하고 그게 어디에서 왔는지 판단해야 한다. 그게 도움이 안 된다면, 기대를 버려야 한다. 그래야만 그것의 손아귀에서 벗어날 수 있다. 본인이 선택한 기대치만 남을 때까지 이 과정을 반복하고 또 반복하자. 그리고 여러분이 가진 모든 기대치는 신중하게 정해야 한다. 이런 기대가 현실적인지 확인하고, 그걸 충족시키기 위해 동의를 얻어야 하는 이들에게 그 내용을 전달한다. 그래야 기대치를 제대로 설정할 수 있다.

바로 이것이 더 행복한 삶의 비결이다! 그리고 이건 확실히 효과가 있다.

문제는 우리의 기대치가 어디에서 온 건지, 또 그것이 우리 삶에 어떻게 작용하고 있는지 제대로 분석해두지 않는다면 현실과 타협한 선택을 하게 되리라는 것이다. 스스로에게 다음과 같은 질문을 던져보면, 아마 평생 처음으로 자신에게 진심으로 다가가게 될 것이다.

- 내가 하는 일이 정말 원하던 일인가?
- 이 관계가 올바른 관계인가?
- 내가 정말 원하는 곳에 살고 있는가?
- 솔직히 말해서, 이것이 내가 정말 살고 싶은 삶인가?

답하기 어려울 수도 있다. 본인에게 진실할 용기가 있다면, 이 질문에 대한 답이 매우 고통스러울 수 있다. 자기가 전혀 좋아하지 않고 가치 있다고 여기지도 않는 방식으로 살고 있다거나, 자기가 아닌 다른 사람을 행복하게 해주려고 애쓴다거나, 자기 원래의 모습과는 전혀 다른 버전의 자신에 맞춰서 살려고 한다는 깨달음을 얻을 수도 있다. '아니, 여기는 내가 있고 싶은 곳이 아니고, 지금의 나는 내가 되고 싶었던 사람도 아니고, 원래 살고 싶었던 대로 살고 있는 것도 아니야'라고 깨달을지도 모른다.

기대의 진짜 영향을 이해하기 시작하자 마음이 흔들리고 눈물이 났다. 내 인생에서 꼭 일어나기를 바랐던 일들이 많지만 그런 일들은 결국 일어나지 않았다. 다른 사람에게 기대하지 말아야 할 것들을 많이 기대했었다. 여러분도 공감이 가는가? 결국 스스로에게 질문을 던져야 하는 지경에 이르렀는데, 여러분도 이 질문을 자신에게 해보기 바란다.

'이게 내가 의식적으로 선택한 삶이 아니라면, 그런 삶은 어떻

게 찾을 수 있을까?'

이 질문에 바로 대답하지 못하더라도 낙담할 필요는 없다. 이 책이 깨달음을 얻도록 도와줄 것이다. 훨씬 큰 만족감이 여러분을 기다리고 있다. 결국 자신의 기대치를 설정하고 나머지를 버리면 진정한 인생이 열릴 것이다. 그렇게 자신의 진정한 행복을 가꿔갈 수 있는데, 만약 이 과정을 다른 사람이나 대상에게 위탁한다면 항상 불만스러운 삶을 살게 될 것이다.

자신에 대한 기대치를 정하는 것은 삶에 대한 완전히 새로운 접근법이며, 이를 통해 근심걱정과 부담을 덜 수 있다. 이 책에 제시된 예시와 실습 방법을 통해 스스로 하는 방법을 배우게 된다. 결국 자기가 가진 것에 더 감사하면서 더 많은 희망을 품게 될 것이다. 자기에게 중요한 게 뭔지 다시 평가할 수 있고, 여러분의 현실은 그 어느 때보다 훌륭하게 재건될 것이다.

자, 이제 자유롭게 살아갈 시간이다. 준비됐는가?

✅ 기대 체크리스트

자기 삶을 이루고 있는 기대를 확인하고 그것에 동의하는지 여부를 판단해야 할 때다. 세심하게 고른 몇 가지 기대치를 적절히 설정하고 나머지는 모두 놓아버리는 방법을 배우는 것이 첫 번째 단계다. 각 장의 마지막 부분에서는 해당 장에서 설명한 주제와 관련된 몇 가지 내용을 검토하면서 마무리한다.

혼자 있을 수 있는 시간과 장소를 마련하고 솔직해질 준비를 하자.

1. 자신에게 개인적으로 가장 기대하는 5가지를 적어보자. 그다음 5가지를 가장 중요한 것부터 덜 중요한 것까지 중요도나 가중치 순으로 정리해 보자.

2. 이제 목록이 완성되었으니, 그 목록을 살펴보면서 자신에게 묻는다.
   • 이 가운데 내게서 나온 기대는 무엇인가?
   • 가족, 공동체, 학교, 내가 속한 단체 등 외부에서 내게 거는 기대는 무엇인가?
   • 이 목록에 내가 동의하지 않는 항목이 있는가?
   • 이 기대 가운데 비현실적인 게 있는가?
   • 내가 동의하지 않거나 비현실적이라고 생각하는 기대를 떨쳐버리지 못하는 이유는 무엇인가?

기대하지 마라

2장

인생을 움직이는
비밀 소프트웨어

기대는 모든 심적 고통의 근원이다.

윌리엄 셰익스피어(William Shakespeare) 극작가

인생에서 우리를 가장 힘들게 하는 것은 일이 어떻게 돌아가야만 한다는 우리 머릿속의 그림이다.

제레미 빈스(Jeremy Binns) 무명

기대는 여러분 머릿속의 하드웨어에서 실행되는 비밀 소프트웨어다. 그건 여러분의 감정, 결정, 행동을 통제한다. 관점을 왜곡하거나 선택을 이끈다. 또 종종 여러분이 알아차리지 못하는 방식으로, 결과에 대한 감정에도 영향을 미친다. 그건 상당히 위험한 일인데, 여러분은 대개 이런 일이 일어나고 있다는 걸 깨닫지도 못한다. 자기가 모든 걸 통제하고 있다고 생각하겠지만, 사실은 그렇지 않다. 실제 책임자는 이 숨겨진 프로그램이다.

그리고 여기서 놀라운 사실은 여러분이 자기 삶의 기본이 되는 프로그램을 직접 코딩하지 않았을지도 모른다는 것이다. 왜냐하면 여러분이 따르고 있는 많은 기대가 스스로 의식적으로 선택한 것이 아니기 때문이다. 그건 다른 사람이나 환경, 상황에 의해 선택된 것들이다.

현재 여러분 삶을 움직이는 애플리케이션을 만드는 데 있어 기대치가 얼마나 강력한 힘을 발휘했는지 이해하려면, 먼저 소프트웨어가 어떻게 작동하고 만들어졌는지 더 자세히 알아야 한다. 데이비드 T. 부르주아(David T. Bourgeois) 박사는 그의 저서 『사업과 그 이상을 위한 정보 시스템(Information Systems for Business and Beyond)』에서 소프트웨어를 다음과 같이 정의했다.

소프트웨어는 하드웨어가 수행할 작업을 알려주는 지침을 제공한다. 소프트웨어에는 운영 체제와 애플리케이션이라는 두 가지 기본 범주가 있다. 운영 체제는 컴퓨터 하드웨어에 대한 액세스를 제공한다. 애플리케이션 소프트웨어는 특정 목표를 달성하도록 설계되었다. 소프트웨어는 프로그래밍이라는 과정을 통해 개발되는데, 프로그래머는 프로그래밍 언어를 이용해서 프로그램을 만드는 데 필요한 논리를 조합한다.

소프트웨어는 날마다 우리 스마트폰과 컴퓨터를 작동시키고, 갈수록 자동차부터 냉장고에 이르기까지 우리가 의존하는 거의 모든 도구를 작동시킨다. 우리는 이런 기기 내의 앱이 때때로 운영 체제를 업그레이드하는 것 외에는 별다른 입력 없이도 작동하는 걸 당연하게 여긴다. 문제가 발생하면 고객 지원을 요청하거나 기기를 교체한다. 소프트웨어를 수정하거나 다시 프로그래밍하는 건 대부분 사람들의 역량을 넘어선 일이다.

하지만 우리 자신의 소프트웨어에 문제가 발생하면 어떻게 해야 할까? 여기에는 대기업이 운영하는 서비스센터 같은 것도 없고, 우리 문제를 해결해줄 즉각적인 업그레이드 기능도 없다. 화가 나거나, 씁쓸한 기분이 들거나, 불만스럽거나, 우울하거나, 좌절하거나, 슬프다면 여러분의 인생 앱에 문제가 생긴 것이다. 그걸 고치는 방법을 알아보자. 내가 이 소프트웨어의 작동 방식과 성능을 높이는 방법을 알려주면, 여러분은 본인의 기대를 완전히 파악해서 적절하게 설정한 다음 단계로 넘어갈 수 있다.

미스터 퍼펙트의 명복을 빕니다

나는 자신을 다시 프로그래밍하는 작업을 시작하기 전에 몇 년 동안 해로운 소프트웨어를 실행하고 있었다. 우리가 이미 인정한 것처럼, 우리들 대부분은 어릴 때 우리를 위해 프로그래밍 된 소프트웨어(즉, 기대치)를 가지고 있는데, 대부분의 사람들은 자기가 어떻게 코딩되어 있고 이 코딩이 성인으로서의 삶에 어떤 영향을 미치는지 모른다.

나는 3형제 중 둘째다. 캘리포니아주 오클랜드에서 자라는 동안 내내 가족 안에서 내 자리를 확보하기 위해 싸웠다. 알코올 중독자였던 우리 아버지는 36살의 젊은 나이에 심장마비로 돌아가셨기 때문에 이로 인한 혼란도 있었다. 아버지는 죽기 전까지 내가 두 형제 레이와 브랜든, 그리고 어머니와 함께 살던 집을 들락날락하는 존재였다. 부모님은 이혼한 적은 없지만 별거 중이었기 때문에, 아버지는 곁에 있다가도 없고 없다가도 있는 그런 사람이었다. 아버지가 살아있을 때, 그는 집에 와서 나와 형제들과 함께 시간을 보내기로 약속해 놓고는 이유도 말하지 않은 채 약속을 어기는 버릇이 있었다. 당시 나는 너무 어려서 아무것도 이해하지 못한 채 실망감만 느끼곤 했다. 내 인생의 모든 것이 내 통제를 벗어난 것만 같은 그 기분이 너무 싫었다.

중학교에 입학한 뒤에는 통제와 관심에 대한 열망 덕분에 규율을 잘 따르면서 매사에 집중하게 되었고, 덕분에 성적도 좋고 탁월한 리더십도 발휘할 수 있었다. 더 많은 성과를 거둘수록 더 긍정적인 강화를 받았고, 소프트웨어도 이에 맞춰 수정되었다. 그리고 이때의 경험을 통해 관심을 끌려면 성과를 올려야 한다는 결론을 얻었다. 게다가 이 성과는 내가 통제할 수 있는 것이다.

문제는 이 접근법에 역논리가 있어서 마음을 갉아먹는 어두운 생각을 품게 되었다는 것이다. '내가 이런저런 일을 이루지 못한다면 아무 데도 속하지 못할 거야. 어디서도 날 받아주지 않을 거야.' 그 결과 시간이 지나면서 나 자신에게 매우 높은 기준을 부과하게 되었고, 열심히 하지 않으면 엄청난 대가를 치르게 되리라고 믿으면서 끊임없이 목표를 추구했다. 여러분도 이런 경험이 있는가? 이건 내가 전혀 몰랐던 운영 체제의 예이다.

내 별명이 '미스터 퍼펙트'였던 건 우연이 아니다. 매사에 검증을 요구하던 겁 많은 나는 제대로 불을 피우려면 연료가 많아야 한다고 여겼다. 그리고 그런 이상에 대한 압박감을 내재화시켰다. 이제 난 절대 실수를 저지를 수 없다. '만약 실수를 한다면 나는 더 이상 완벽하지 못할 거야. 그럼 나는 어떤 사람이 될까?'라고 혼자 생각했다.

아주 작은 실수 하나만 저질러도 더없이 끔찍한 결과가 생길 거라고 믿었다. 전부 다 내 머릿속에만 있던 생각이지만, 내가 예상한 결과는 도저히 기준을 조정할 엄두도 내지 못할 만큼 끔찍했다. 이런 믿음은 삶에 대한 내 접근 방식과 관련해 많은 정보를 제공한다. 청소년기부터 성인기까지, 실수를 절대 용납하지 않았던 이런 성격 때문에 결국 1분도 편히 쉴 수가 없었다.

의욕이 넘쳐서 많은 목표를 세우고 이루었다. 하지만 내 소프트웨어를 다시 쓸 능력이 있었음에도 불구하고 통찰력이 부족했다. 대신 내 의지력을 이용해서 하루하루의 삶을 꾸려나갔다. 나 자신의 가치를 스스로에게 증명해야 했고, 그렇게 할 때까지는 쉴 수가 없었다.

돌이켜보면 내 소프트웨어에 많은 결함이 있었다는 걸 알 수 있지만, 대부분의 사람들은 절대 몰랐을 것이다. 일이 뜻대로 되지 않을 때 혹은 내가 기대한 만큼 빨리 진행되지 않을 때는 내심 엄청난 좌절을 겪었다. 나는 심한 불안감을 느꼈고, 종종 가능하거나 현실적인 것보다 더 많은 걸 자신에게 요구했다. 나의 완벽주의가 자기 판단, 또는 자기혐오 등의 부정적인 방식으로 치달았을 때도 모든 부분에서 탁월함을 요구하면서 그걸 정당화할 수 있었다. 최고가 되고 싶은 게 잘못이라고 누가 말할 수 있겠는가?

이렇게 사는 이들 가운데 누군가는 결국 알게 되겠지만, 외부의 성과에 자기 가치를 걸 때마다 우리는 추락하고 있었다. 완벽한 통제는 오랫동안 내게 큰 목표였다. 그 일들이 일어나도록 하려고 애쓰는 것. 그게 내 스타일이었다. 모든 일이 잘 돼가는 것

같던 시절에도 날마다 부정적인 자기 대화를 했다. 큰 성과를 거뒀지만 만족스럽거나 충분하다고 느낀 적이 한 번도 없었다. 그건 건전한 삶의 방식이 아니었다. 내 기대는 완벽해야 한다는 요구에 기반을 두었지만, 물론 비현실적인 기대였다. 그래서 내 기대가 불안정하고 제대로 자리가 잡히지 않는다는 사실 때문에 오랫동안 고민했다.

스스로 완벽주의자이자 과잉 성취자라고 자처하는 다아시 코스퍼(Darcy Cosper)는 완벽주의자들이 겉으로는 성공을 거두더라도 실제로는 패배를 자초하는 방법을 탐구했다. 앨런 E. 말린저(Allan E. Mallinger) 박사의 『지나치게 완벽한(Too Perfect: When Being in Control Gets Out of Control)』 저서에 수록된 그녀의 연구에서, 코스퍼는 많은 완벽주의자들이 나처럼 어린 시절의 트라우마에 대한 반응으로 이런 대처 메커니즘을 개발한다는 걸 알아냈다. 코스퍼는 〈우먼스 헬스(Women's Health)〉 잡지에 기고한 글에서 이렇게 썼다. "이 무의식적인 믿음은 성인이 되어서도 지속되며, 질서에 대한 강박관념부터 일중독에 이르기까지 다양한 방식으로 나타날 수 있다. 완벽주의자의 마음속에서는 일을 바로 잡으려는 욕구가 곧 개인의 생존을 보장하는 방법이 된다."

바로 그렇다. 성인이 되어 혼자 힘으로 훌륭하고 안정적인 삶을 꾸리게 된 지 몇 년이 지났는데도, 어린 시절부터 지속된 오래된 두려움은 여전히 내가 생각했던 것보다 훨씬 큰 힘을 지니고 있었다. 일과 관련된 기대치를 살펴볼 때 다시 얘기하겠지만, 결국 이렇게 유독한 사고방식과 운영 방식을 거부할 수 있게 되기까지 나 자신을 거의 한계점까지 몰고 갔다.

코스퍼가 밝혀낸 또 다른 사실은 내게 매우 친숙했다. 많은 완벽주의자들은 그 자체로 긍정적인 고상한 목표를 세우는 것부터 시작하지만, 결국 일을 제대로 하지 않거나 목표를 충분히 달성하지 못할 경우 엄격한 자기 비판적 태도로 접근한다.

코스퍼가 완벽주의에 대항하기 위해 찾아낸 방법은 간단하다. 또 프로그래밍이 지속적인 과정이라는 사실을 상기시켜준다. 다음은 그녀가 건전한 개인 기준을 정하기 위해 권장하는 단계다. "일단 우선순위를 정한다. …… 중요하지 않은 세부 사항을 문제시하거나 집착하지 않으려고 노력한다. '완벽함'은 불가능하다는 걸 되새기면서, 내게 주어진 시간에 할 수 있는 최선을 다하는 것만으로도 충분하다는 걸 받아들이려고 노력한다."

나는 세심한 자기반성과 기도, 치료를 통해 이 부분에서 큰 발전을 이루었지만, 지금도 계속 노력하고 있다. 여러분도 나처럼 완벽주의 때문에 고생하고 있다면, 자신에게 휴식을 주는 게 더 행복할 뿐만 아니라 더 효과적이라고 장담할 수 있다. 우선순위를 정하고 또 새로운 기회와 관계에 유연하게 대처하면 인생의 문이 활짝 열릴 것이다.

이제 여러분 차례다. 결함이 있는 소프트웨어가 여러분의 관점을 왜곡시켰다면 이렇게 자문해보자.

- 내가 비현실적인 기대를 바탕으로 나 자신이나 다른 사람, 내가 겪은 일들을 판단하고 있는가?
- 기대치를 현실에 맞추고 개인 소프트웨어를 다시 프로그래밍하려면 어떻게 해야 할까?

운영 체제의 버그 제거

결함이 있는 운영 체제에는 다양한 종류의 버그가 있다. 내 버그는 완벽주의였다. 하지만 그보다 더 흔한 건 억압인데, 이는 자기 파괴적인 행동으로 이어질 수 있다. 이런 증상은 트라우마나 감정을 억지로 묻으려고 할 때 발생한다. 소프트웨어가 잘 작동하는 것처럼 보일 수도 있지만, 실제로는 숨겨진 고통 때문에 뒤틀려서 자기가 의식하지 못하는 방식으로 행동하게 된다. 자기 행동이 본인과 다른 사람에게 끼치는 피해를 알고 있다고 하더라도 그걸 변화시키거나 자기 행동을 통제할 힘이 없다고 느낀다. 여러분이 억누르고 있는 감정을 풀어주기 전까지는 그 감정이 소프트웨어를 건전하지 않은 쪽으로 왜곡시켜서, 과식이나 과잉 성취 같은 이상 행동이 나타날 것이다. 감정을 피하기 위해 강박적으로 하는 행동은 뭐든지 다 해로울 수 있다.

　로스앤젤레스에서 활동하는 DJ 겸 라디오 스타이자 한때 몸무게가 230킬로그램이나 나갔던 빅 보이(Big Boy)를 생각해보자. 그는 심지어 자신의 거대한 몸집을 전설적인 명성의 일부로 만들었는데, 이는 그의 예리한 기지와 인기 있는 힙합 스타나 할리우드 스타들과의 친분 덕이었다. 가수 파사이드(Pharcyde)의 보디가드로 일할 때는 그의 체구가 실제로 유리했다. 원래부터 인기 있는 LA 파티 DJ였던 그는 이제 랩 음악계에서도 이름이 알려졌고, 자신의 유머 감각을 활용해서 LA 힙합 방송국인 파워 106의 라디오 진행자로 일하게 되었다. 그는 2000년대 초반에 유명한 캘빈 클라인(Calvin Klein) 향수 광고를 패러디해서 만든, 몸무게가 230킬로그램 가까이 나가는 자신의 반나체 사진을 담은 인기 있는 광고 시리즈를 통해 유명세를 굳혔다.

　그러던 중 2002년에 윌 스미스(Will Smith)가 그의 인생을 바꿔놓았다. 윌은 빅 보이의 몸무게가 건강에 좋지 않다고 지적한 몇 안 되는 사람 중 한 명이었다. 윌은 빅 보이에게 도전장을 내밀고, 빅 보이가 최대 23킬로그램을 감량할 때까지 빠진 체중 450그램(1파운드)당 1,000달러씩을 자선단체에 기부하겠다고 약속했다. 빅 보이는 공개적인 체중 감량 캠페인을 시작했고 놀랍게도 45킬로그램을 감량했다. 그러나 근본적인 문제를 해결하려는 노력은 전혀 기울이지 않았기 때문에, 금세 예전 체중으로 돌아갔다.

그는 목숨을 구하기 위한 췌장 우회술을 시행하려면 사전에 치료를 받아야 했지만, 유명인이라는 신분 때문에 그 과정을 서둘러 진행한 탓에 별 도움이 되지 않았다. 수술은 과도한 체중을 줄일 수 있게 해줬다는 점에서는 성공적이었지만, 그에게는 스스로 해결해야 하는 내적인 문제가 남아 있었다. 그는 음식에 대한 자신의 강박적인 행동 뒤에 더 깊은 문제가 숨겨져 있다는 사실을 오랫동안 부인해 왔다.

마침내 빅 보이는 『XL 인생(An XL Life: Staying Big at Half the Size)』이라는 회고록을 쓰는 과정에서 자신의 행동을 개인적으로 평가하게 되었다. 그는 자신의 근본적인 프로그래밍 문제인 정서적 섭식 장애를 인정했다. 그는 어릴 때 이리저리 떠돌아다니며 살았다. 미혼모인 그의 어머니는 아이들 여섯 명을 데리고 로스앤젤레스에 있는 모텔을 전전했다. 안타깝게도 그의 어머니에게는 요리를 할 주방도 없고 돈도 부족했기 때문에, 빅 보이에게 늘 지방과 설탕이 많이 들어간 음식을 먹였다. 그는 이런 음식을 어머니의 순수한 사랑과 연관짓게 되었고, 결국 성인이 된 뒤에도 몸에 좋지 않은 음식을 너무 많이 먹도록 프로그래밍 되었다.

자신의 소프트웨어를 다시 코딩하기 시작한 빅 보이는 흑인과 라틴계 커뮤니티에 속한 많은 이들에게 건강에 대한 기대치를 재고하라고 촉구했다. 하지만 그의 메시지는 누구에게나 해당되는 보편적인 메시지다. 그의 목표는 우리가 무엇을 억압하고 있고, 이런 억압의 진정한 대가가 무엇인지 조명하는 것이다. 그는 "건강해지려면 다들 자신의 습관, 특히 나쁜 습관과 그런 나쁜 습관이 어디에서 유래됐는지 살펴보기 시작해야 한다"고 썼다.

뭔가를 억누르려고 하면 오히려 힘이 세진다.

억압은 서둘러서 집을 치우는 것과 비슷하기 때문에, 어질러진 것들을 모두 그러모아서 벽장에 집어넣으면 된다. 하지만 그 벽장을 제때 치우지 않으면 곧 터져나갈 것이다. 마음의 벽장을 비우려면 상담 치료를 받거나, 인생 코치의 도움을 받거나, 여러분에게 도움이 되지 않는 오래된 믿음과 상처를 떨쳐내고 정서적 행복을 증진시킬 수 있는 도구를 제공하는 이런 책을 이용해야 한다. 어린 시절의 트라우마나 실직, 실연 등으로 고통스러울 때는 술, 간식, 신용카드, 혹은 다른 좋지 못한 것에 손을 뻗지 말고 그 감정을 잘 이겨내 보자. 그러면 새로운 삶의 방식을 배울 수 있다. 이어질 페이지에서 그 방법을 설명하면서, 여러분의 인생에 대해 생각하고, 본인에게 일어나는 모든 일을 처리할 수 있는 좋은 도구도 가르쳐줄 것이다. 이 업그레이드는 가장 어려운 상황에서도 소프트웨어를 다시 프로그래밍해서 성공할 수 있게 도와준다.

우리가 생각하는 대로 이루어진다

이제 무엇을 왜 해야 하는지 알게 됐으니, 개인 재부팅 작업을 시작해야 할 때다. 첫 번째 단계는 자기 마음과 정신의 엄청난 가능성과 유연성을 받아들이는 것인데, 이 두 가지 모두 대단한 변화 능력을 가지고 있다. 균형 잡힌 관점이 있으면 어려운 시기에도 행운이 찾아올 수 있다는 걸 알 수 있다.

미국을 대표하는 치유전문가이자 교육가인 엘리자베스 레서(Elizabeth Lesser)의 〈뉴욕 타임스(New York Times)〉 베스트셀러 『부서져야 일어서는 인생이다(Broken Open: How Difficult Times Can Help Us Grow)』는 과거의 손실을 성장의 밑거름으로 바꾸기 위한 유용한 가이드북이다. 그녀는 사람들이 새로운 기회와 관점을 발판 삼아 어떤 도전에도 다가갈 수 있도록 돕기 위해, 트라우마 극복과 관련된 고무적인 이야기에서 교훈을 모았다.

기대에 관한 강력한 구절 중 하나는 유명한 아우슈비츠(강제수용소) 생존자이자 도덕 철학자인 빅터 프랭클(Victor Frankl)의 말에서 영감을 얻은 것이다. 그는 "인간의 마지막 자유는 어떤 상황에 놓이더라도 자신의 태도를 선택할 수 있는 자유"라고 말했다. 프랭클의 말은 본질적으로 우리는 과거와 현재의 상황에 대해 생각하고 느끼는 방식을 통제할 수 있기 때문에 자유롭다는 것이다. 레서는 또 독자들에게, "빅터 프랭클이 죽음의 수용소에서 느낀 절망을 의미에 대한 탐색으로 바꿀 수 있었다면, 우리도 인생의 가장 어두운 순간에 그렇게 할 수 있을 것이다. 프랭클은 '우리가 인생에 기대하는 것이 아니라, 인생이 우리에게 기대하는 것이 중요하다'는 것을 알아냈다."

상상할 수 있는 가장 힘든 시련을 겪든 아니면 단순히 짜증나는 하루를 보내든, 우리는 자신의 관점과 반응, 그리고 궁극적으로 좋은 쪽으로든 나쁜 쪽으로든 그게 우리에게 작용하는 방식과 관련해서 그 고난을 이해하는 방식을 통제한다.

이쯤에서 충고를 하나 하겠다. 변경 내용이 실제로 적용되도록 하려면 소프트웨어를 여러 번 다시 프로그래밍해야 할 수도 있다. 스마트폰을 최대 효율로 실행하려면 얼마나 자주 업데이트를 해야 하는지 생각해보라. 그게 운영 체제가 작동하는 방식이며, 우리 마음도 예외는 아니다.

HR 컨설턴트이자 개인 트레이너인 조지 J. 지오가스(George J. Ziogas)가 쓴 '잠재의식을 다시 프로그래밍하는 방법: 단계별 가이드'라는 글에 따르면, 가장 중요한 건 마무리라고 한다. "즉각적인 변화를 기대해서는 안 된다. 자신의 잠재의식에 긍정적인 메시지를 많이 심기 위해 선택한 방법을 매우 일관되고 끈기 있게 실행해야 한다. 이런 변화는 평생 동안 지속되고 강력하며 기다릴 가치가 있다는 걸 기억하자!"

선택은 여러분의 몫이다

소프트웨어를 긍정적으로 코딩하는 이 작업이 강력한 힘을 발휘하면, 여러분뿐만 아니라 주변 사람들, 심지어 처음에 소프트웨어를 작성하는 데 도움을 준 이들에게도 변화가 생길 것이다. 내슈빌에서 활동하는 가수 겸 작곡가인 케이티 프루잇(Katie Pruitt)의 경우를 살펴보자. 케이티는 가톨릭 가정에서 자랐고 죄에 대해 가르침을 받으면서 동성애는 나쁜 것이라고 배웠는데, 그녀는 어릴 때부터 자기가 동성애자라는 사실을 알고 있었다. 이 때문에 그녀에게는 가족과 공동체에 숨기고 싶은 고통스러운 비밀이 생겼다.

케이티는 기타를 연주하고 곡을 쓰기 시작했을 때도 가사에 자신의 진짜 감정이 드러나지 않도록 숨겼다. 그러다가 내슈빌로 이사한 뒤에 마침내 용기를 내서 다른 여성에 대한 자신의 사랑을 기념하고 그게 잘못이라고 말하는 이들에게 당당하게 저항하는 〈러빙 허(Loving Her)〉라는 노래를 작곡했다. 케이티는 창작 활동을 통해서 얻은 이런 개인적인 자유가 믿기 어려울 만큼 좋았다고 말했다. 게다가 새로 만든 노래들 덕분에 포크 음반사인 라운더 레코드(Rounder Records)와 음반 계약까지 맺게 되었다. 그녀의 기존 프로그래밍과 반대되는 긍정적인 강화가 생긴 것이다. 케이티는 이제 자신의 본모습 그대로 받아들여질 수 있게 되었다.

하지만 〈기대(Expectations)〉라는 적절한 제목을 붙인 자신의 데뷔 앨범을 부모님이 어떻게 받아들일지 여전히 두려웠다. 그러나 비록 사람들이 기대하는 것과 거리가 멀더라도, 자신의 진정한 모습을 표현하는 것이 인생에서 유일하게 가능한 길이라고 믿었다.

케이티의 어머니인 제니퍼는 내셔널 퍼블릭 라디오(NPR)와의 인터뷰에서, 이 앨범에 수록된 노래를 듣는 게 불편하다고 말했다. 제니퍼는 딸의 성적 정체성뿐만 아니라 그녀의 고통까지 받아들이는 법을 배워야 했다. 이는 제니퍼가 믿는 종교 때문이기도 하고 가족에게 거부당할지도 모른다는 두려움 때문이기도 했다.

딸의 진정한 모습을 알고 싶고 사랑하고 싶다는 강한 열망에도 불구하고, 제니퍼가 케이티를 받아들이기까지는 상당한 노력이 필요했다. 제니퍼는 책도 읽고, 신앙 기반의 지지 모임에도 참석하고, 딸의 노래도 듣고, 때때로 둘이 나눈 고통스러운 대화에도 귀를 기울였다. 제니퍼 입장에서는 올바른 삶의 방식에 대한 기대치를 바꾸는 게 쉽지 않았지만, 그것 외의 대안은 도저히 용납할 수 없었다. "이 자리까지 오기 위해 나는 내가 거쳐야 하는 모든 과정을 거쳤어요. 누군가를 사랑할 땐 다들 그렇게 하죠. 당신도 그럴 거예요. 이런 일 때문에 내 딸 인생의 일부가 되지 못하는 건 싫어요."

엄마와 딸이 보여준 대단한 용기와 연민에도 불구하고, 기존의 기대를 뒤집고 소프트웨어를 다시 프로그래밍하는 것은 하루아침에 끝날 수 없는 어렵고 불편하고 고통스러운 과정이었다. 하지만 그 일이 실제로 이루어졌다. 함께 성장하고 배우면서 진정한 자아를 공유할 수 있었던 두 여성의 삶이 지금 얼마나 더 풍요롭고 행복해졌을지 잠시 생각해보자.

여러분도 모두 이런 삶을 누리게 되길 바란다. 그게 우리가 이 일을 하는 이유다. 자신의 소프트웨어를 다시 프로그래밍하는 건 실제로 가능하며, 이를 통해 삶이 변화하면 여러분뿐만 아니라 여러분이 사랑하는 이들도 자유를 얻게 된다.

✅ 기대 체크리스트

1. 여러분의 비밀 소프트웨어가 만들어낸 여러분에 관한 믿음 가운데 스스로 진짜가 아니라는 걸 알고 있는 5가지 믿음은 무엇인가? 자신에 대한 더 진실하고 긍정적인 평가 5가지는 무엇인가?

2. 비현실적인 기대(스스로에 대한 기대든 다른 사람들이 여러분에게 품는 기대든)에 대한 감정을 억누르고 있는 탓에 튀어나오는 행동이 있는가?

3. 주변 사람들에게 너무 많은 부담을 주고 있는가?

4. 성공이나 성취에 대한 명백한 기대에서 벗어나, 더 심오하고 보람 있는 길로 나아갈 수 있는 5가지 영역은 무엇인가?

5. 기대가 어긋나서 실망했던 때를 5번 꼽아본다면 언제였는가? 여러분의 기대가 좀 더 현실적이었다면 그때 받은 상처를 피할 수 있었을까?

6. 여러분 인생에서 중요한 사람들이 절대 하지 말았으면 하는 행동을 한 적이 있는가? 있었다면 언제인가? 그 행동에 대해 용서를 했는가?

기대하지 마라

성공을 준비하라

내 신념과 가치관을 고수하고 내 도덕적 기준을 따르는 이상,
내가 부응해야 하는 유일한 기대는 나 자신의 기대라는 걸 배웠다.

미셸 오바마(Michelle Obama) 버락 오바마 전 미국 대통령의 영부인

─────────

잘못된 기대는 기쁨을 빼앗아 간다.

산드라 블록(Sandra Bullock) 영화배우

불안한 기대는 여러분에게 큰 부담이 된다. 그런 기대는 여러분 삶에 압박감과 불만, 불행을 야기할 수 있으며, 때로는 문제의 근본이 뭔지도 모르는 상태에서 그런 상황에 처할 수 있다.

이제 기대가 어떻게 작용하고 그게 왜 위험할 수 있는지 기본적인 사항을 이해했으니, 여러분 삶의 모든 영역에서 성공을 이루기 위해 자기만의 기대치를 설정하는 법을 배울 때가 됐다.

기대치를 정하는 것은 기대를 적절히 선택해서 전달하는 과정이다.

의사가 부러진 뼈를 고정시키는 것과 똑같은 방식으로 기대치를 정한다고 생각해보자. 부러진 뼈를 고정시키지 않으면 고통스럽고 몸을 쇠약하게 하며 제대로 치료하지 않을 경우 장기적인 손상을 입힐 가능성도 있다. 하지만 제대로 고정시킬 경우 골절상은 6~8주면 치유되고 뼈는 대부분 예전처럼 튼튼해질 것이다. 여러분이 직접 의사가 되어 기대치를 제대로 정하여 고통받지 않고 더 강해질 수 있는 방법을 알려주겠다.

그 첫걸음은 최대한 많은 기대를 놓아버리는 것이다. 어떤 걸 남겨두고 어떤 걸 포기해야 하는지 파악해서 필요하지 않은 건 놓아버리자. 자기가 선택하지 않은 기대까지 남겨두려는 유혹을 뿌리쳐야 한다. 여러분이 그걸 선택하지 않은 이유는 자신의 본질 또는 살고 싶은 방식과 맞지 않거나 전에는 결코 인정하지 않았던 다른 우선순위와 목표가 있다는 사실을 깨달았기 때문일지도 모른다.

놓아버릴 기대와 유지하거나 새로 설정할 기대를 정할 때의 규칙은 간단하다. 자신에게 기쁨을 가져다주는 기대만 골라야 한다. 고통이나 불편함을 야기하는 기대는 전부 놓아버리자.

기쁨은 정의하기도 쉽고 느끼기도 쉽다. 자기 삶의 모든 부분을 살펴보면서 스스로에게 물어보자.

• 이 기대가 내게 기쁨을 안겨주는가?
• 이를 통해 기쁨을 느끼지 못한다면 고칠 수 있는가, 아니면 포기해야 하는가?

우리의 많은 기대는 사실 다른 사람(가족, 친구 등)이 우리에게 기대하는 바를 기반으로 하기 때문에, 이게 말처럼 쉽지 않다는 걸 안다. 솔직히 말해, 사랑하는 누군가를 실망시키고 싶지 않기 때문에 비록 마음에 들지는 않더라도 자신에게 기대하는 일을 해야 한다는 의무감을 느낄지도 모른다. 나도 이해한다. 정말 곤란한 입장일 것이다. 하지만 결정을 내려야만 한다.

자기가 기대한 삶을 살 것인가, 아니면 남들이 내게 기대하는 삶을 살 것인가?

자유롭게 살려면 이 의무의 짐에서 벗어나야 한다. 하고 싶지 않은 일을 꾸준히 하는 게 삶의 방식이 될 수도 있다(어쩌면 이런 삶이 이미 여러분에게 표준이 되었을지도 모른다). 문제는 결국 이 선택에 대한 대가를 치르게 된다는 것이다. 고통을 참아야 한다. 그러나 이렇게 살 필요는 없다. 언제든 변화할 수 있다. 하지만 자기에게 도움이 되지 않는 개인적인 기대에 부응해야 한다는 부담에서 벗어나려면 용기가 필요하다.

다음은 놓아버리거나 설정해야 하는 기대치를 정하는 데 도움이 되는 추가 질문인데, 자신에게 이렇게 물어보자.

- 내 신념, 가치관, 그리고 내가 바라거나 꿈꾸는 삶과 생각이 맞지 않아 나를 불편하게 하는 사람이 있었는가? 혹은 대상이 있었는가?
- 누군가 내게 그 일을 강요한 것 같아서 화가 나는 이유는 무엇인가?
- 스트레스를 받거나 아침에 두려운 기분으로 잠을 깨는 이유는 무엇인가?
- 나 자신에 대해 기분이 상하는 이유는 무엇인가?

느낌이 좋고 여러분의 영혼과 공명하는 기대를 지향하고 그렇지 않은 기대는 멀리하자.

여러분은 뭘 얻을 수 있는가?

긍정적인 것(예: 성취도가 높은 사람)도 잘못된 이유로 행할 경우 부정적인 것이 될 수 있다. 그리고 긍정적인 선택을 하더라도 그게 여러분이 중요하게 여기지 않는 것이라면 오히려 지칠 수 있다. 이는 작가 조안나 홀스텐(Joanna Holsten)이 "더 큰 개인적 자유를 요구하는, 뭔가를 반드시 해야 한다고 생각하는 함정에서 빠져나오자"라고 에세이에서 설득력 있게 주장한 내용이다. 조안나는 자기가 생각하고 살아온 방식이 해롭다는 사실을 깨닫게 된 과정을 독자들에게 안내한다.

"지역사회에서 자원봉사를 해야 한다" 또는 "과일과 야채를 먹어야 한다." 이런 행동은 건전한 행동으로 평가될 수 있지만, 의무감이나 외부의 기대에서 비롯된 것이라면 여전히 피해를 입히게 된다. 메시지와 방법 모두에 문제가 있다는 걸 깨달은 뒤에야 비로소 '해야만 한다' 함정에서 벗어나 좀 더 진정한 삶을 살 수 있었다.

조안나가 지적한 것처럼, '해야만 한다' 함정에는 다른 사람들이 여러분에게 기대하지만, 여러분 스스로는 선택하지 않는 일들에 대한 타협과 항복이 포함되어 있다. 이런 것들이 더 자유로운 삶을 살 수 있는 여러분의 능력을 방해한다. 그래서 기대치를 정할 때 세심한 주의를 기울여야 하고 시간과 에너지를 낭비하지 않도록 바짝 경계하는 방어자가 되어야 한다.

이것은 여러분의 기대를 정하는 데 매우 중요한 단계다. 해야 할 것 같지만 별로 하고 싶지 않은 일에 대해서는 잔인할 정도로 솔직해야 한다. 현재의 삶에서 얼마나 많은 부분이 이 범주에 속하는 활동들로 채워져 있는지 알면 놀랄 것이다.

앞서 얘기한 것처럼, 의무감은 우리를 속박하고 자유롭게 살지 못하게 만드는 중요한 요인 중 하나다. 우리는 가까운 이들을 실망시키거나 그들이 생각하는 우리의 이미지를 망치고 싶지 않기 때문에, 내가 아닌 그들의 기대에 따라 살려고 노력한다. 이런 식으로 살면 기쁨이 전부 사라진다!

여러분은 아마 너무 많은 의무를 지고 있을 것이다. 너무 많아서 본인을 위해 쓸 수 있는 시간이나 에너지가 없을 정도다. 의무가 나쁘다고 말하려는 게 아니다. 우리 모두 자기만의 의무가 있다. 하지만 때때로 하던 일을 멈추고 자기가 어떻게 살고 있고 무엇이 우리 행동을 통제하는지를 평가하거나 다시 재검토하지 않으면, 우리가 원래 살기로 되어 있는 삶과는 완전히 다른 삶을 살게 된다.

잠시 멈춰서, 현재 하고 있는 일 가운데 정말 하고 싶지 않은 일을 생각해보자. 지금 거기에서 뭘 얻고 있는가?

앞으로도 자기가 지금 하는 일을 왜 하는지 그 이유를 알고 있길 바란다. 또 그것의 이점도 분명히 알아야 한다. 본인이 누리는 기쁨을 온전히 책임져야 한다. 자신에 대한 모든 기대치를 신중하게 정하는 것이 행복의 열쇠다.

삶의 모든 영역에서 자신의 동기를 명확하게 알아야 한다. 다른 사람의 기대에서 생기는 의무감 때문에 어떤 일을 하는 건 그만두자. 다음은 여러분이 스스로에게 물어보는 습관을 들여주길 바라는 질문들이다.

- 이 대화에서 얻을 수 있는 건 무엇인가?
- 이 우정에서 얻을 수 있는 건 무엇인가?
- 이 일을 통해 얻을 수 있는 건 무엇인가?
- 이 사회에서 얻을 수 있는 건 무엇인가?
- 이 관계에서 얻을 수 있는 건 무엇인가?

몇몇 사람들이 이 개념을 매우 불편해하는 모습을 봤다. 그들은 "이건 나를 위한 게 아니다. 다른 사람을 우선시하는 것이다"라고 항의한다. 나는 대부분의 사람들이 자신을 먼저 생각하는 상황에서 다른 이들을 우선시하는 태도에 전적으로 찬성한다. 교회 성경에서는 "네 이웃을 네 몸처럼 사랑하라"고 말한다. 이때 이웃 부분은 강조하면서 자기와 관련된 부분은 강조하지 않는 경우가 많다. 아마 우리가 이웃을 별로 사랑하지 않는 이유 중 하나는 자신을 별로 사랑하지 않기 때문일 것이다. 이 아이디어를 바라보는 또 다른 방법은 "자신의 안녕을 돌보는 것과 같은 방식으로 이웃의 안녕을 돌보라"고 하는 것이다. 따라서 본인의 기쁨을 추구할 때도 이기적이거나 자기중심적이 되어서는 안 된다. 그냥 자신을 우선시하면 된다. 이 실천 방법을 익히면 여러분의 삶이 한 단계 상승할 것이다. 그렇지 않으면 살면서 만난 사람들이나 자신에게 주어진 의무를 원망하기 시작할지도 모르고, 그러면 절대 자유롭게 살지 못할 것이다.

살면서 져야 하는 수많은 의무에 부담감을 느낀다면, 다른 사람이 일어서도록 도와주기도 힘들다. 자기 우선주의는 본인의 욕구, 본인의 삶, 본인의 만족을 충분히 생각하기 때문에 기분이 좋아질 것이다. 컵이 가득 채워져 있으면 다른 컵에 나눠줄 수 있다. 기분이 좋아지면 남에게 더 잘 할 수 있을 것이다. 본인이 즐거워야 다른 사람에게 더 많은 도움을 줄 수 있다.

게다가 건전한 관점을 유지하기도 훨씬 쉬울 것이다. 어떤 목표나 사람을 위해 희생할 경우, 더 큰 목표 의식을 품고 가벼운 마음으로 희생할 수 있다. 그리고 이렇게 말할 것이다.

"내가 이런 희생을 하는 건 이게 내 욕구에도 부합하기 때문이다."

스스로에게 물어보자.

- 일정표에 적힌 일 가운데 해야만 할 것 같은 기분이 들어서 하는 일은 무엇인가?

- 내가 이 일을 '해야 한다'고 결정한 사람은 누구이고, 그들을 실망시키면 신경이 쓰일까?
- 내가 이 의무를 거부할 경우에 발생할 수 있는 최악의 상황은 무엇인가?
- 내가 더 의미 있는 시간을 보낼 수 있는 다른 방법이 있을까?
- 학부모-교사 회의나 병원 예약 같은 필수적인 의무를 반드시 이행해야 하는 경우, 내 관점을 좀 더 긍정적으로 바꿀 수 있는 방법이 있을까?

다른 무엇보다 자신을 우선시하면서 그동안 시간과 에너지 낭비처럼 느껴졌던 의무 몇 가지를 놓아버리면 그 즉시 훨씬 행복해질 거라고 장담할 수 있다. 그리고 남는 시간을 더 의미 있는 활동으로 채우기 시작하면 훨씬 큰 성취감을 느끼게 될 것이다. 하지만, '해야 한다'는 쌍무적인 상황이라는 걸 기억하자. 주변 사람 중 누군가가 여러분이 '해야 한다'고 생각하는 일을 하고 싶어 하지 않을 경우, 그들의 경계를 존중하는 건 여러분에게 달려 있다. 그 사람들도 여러분의 경계를 존중해주길 바란다면 말이다. 그들에게도 여러분처럼 자신의 기대치를 정할 권리가 있다.

그들이 아니라 자신을 위해 진짜 자아를 찾자

기대치를 정하는 건 간단한 일이기는 하지만 항상 갈등 없이 할 수 있는 일은 아니다. 우리가 인정한 것처럼 이 프로세스의 일부는 내부에서 진행되지만, 가장 중요한 부분은 외부에서 이루어진다. 여기에는 자신의 기대를 전달하는 과정도 포함되는데, 처음에는 본인에게서 시작해 자기 삶과 관련된 다른 이들에게도 전달해야 한다. 때로 여러분이 기대치를 정할 때 다른 이들이 관여한다면 서로 반발하는 일도 있을 것이다. 하지만 그것 때문에 기대치 설정을 중단해서는 안 된다.

우리에게 주어진 기대 중 상당 부분이 사랑하는 이들에게서 나오기 때문에, 자신을 위한 기대를 정할 때 가장 큰 장애물은 본인이 사랑하고 아끼는 이들을 실망시키거나 화나게 할지도 모른다는 두려움이다.

내 경험상 이건 여러분이 이 작업을 수행할 때 직면하게 될 주요 장애물 중 하나다. 여러분은 오랫동안 자신의 행복을 희생시키면서까지 사랑하는 이들을 행복하게 해주는 걸 습관화해왔다. 그래서 여러분이 지금까지 살아온 방식이 더 이상 괜찮지 않다거나, 그 일을 하리라는 기대만으로 뭔가를 하는 일은 없을 거라고 말하기 시작하면 엄청난 갈등이 생길 수 있다. 여러분이 항상 해왔던 일을 사람들이 늘 여러분에게 기대했던 방식대로 하지 않는다면, 그들은 여러분의 변화에 어떻게 대처해야 할지 모를 수도 있다.

때로는 여러분과 가장 가까운 사람들이 여러분이 스스로를 위한 기대치를 정하는 걸 막으려고 할 수도 있는데, 특히 여러분의 기대치가 그들이 생각하는 기대치와 일치하지 않을 때는 더 그럴 것이다. 다른 사람들의 감정과 관련된 문제라고 하더라도, 그들의 행복을 위해 자신을 속이거나 신념을 버릴 필요는 없다. 자유롭게 살려면 그렇게 해서는 안 된다.

내가 존경하는 작가 겸 프로듀서 겸 여배우인 이사 레이 디옵(Issa Rae Diop)과 관련된 완벽한 예가 하나 있다. 그녀는 HBO의 히트 코미디 드라마인 〈인시큐어(Insecure)〉를 제작하고 주인공도 맡았지만, 자신의 기대치를 정하기 위해 열심히 싸워야 했다. 자수성가한 이사의 아버지는 딸이 꼭 의대에 진학해야 한다고 강하게 주장하면서, 그녀를 미래의 의사들이 병원에서 자원봉사를 하면서 남들보다 유리한 출발을 할 수 있는 특성화 고등학교에 다니게 했다. 그녀가 〈애틀랜틱(Atlantic)〉지와의 인터뷰에서 말한 것처럼, 그 학교에서의 경험은 이사에게 매우 소중했지만 그녀의 아버지가 기대하거나 바라던 방식대로는 아니었다. 이사는 의사가 되고 싶지 않다는 사실을 분명하게 깨달았다. 이 고백을 들은 그녀의 아버지는 로스쿨이나 경영대학원 진학을 추천하는 것으로 대응했다. 그녀는 마음이 흔들렸지만 곧 깨달음을 얻었다. "정치학을 공부하던 대학교 2학년 때, 전공을 정하면서 '왜 정치학을 공부하려고 하는가?'라는 질문에 대답해야 했다. 그때 떠오르는 대답은 '아버지가 원하기 때문에…' 라는 것밖에 없었다. 그러자 머릿속에서 경종이 울렸다. 내 삶을 사는 건 아버지가 아니라 나야!"

전적으로 옳은 얘기다. 그리고 만약 이사 레이가 아버지에게 굴복해서 의대에 진학하고 레지던트 과정까지 모두 마쳤다면, 그녀만 비참해지는 게 아니라 세상 사람들 모두가 그녀의 독특한 재능을 놓쳤을 것이다.

본인이 아닌 다른 이들의 기대에 부응하기 위한 삶을 계속 살아간다면 무엇이 위태로워지는지 알겠는가? 이사의 아버지는 딸의 선택에 동의하지 않았지만, 그녀는 자신만의 길을 선택해야 했다. 이건 어려운 일이지만, 결국 그 혜택은 그녀와 우리 모두에게 긍정적이었다. 여러분이 살펴봐야 하는 질문이 몇 가지 더 있다. 자신에게 물어보자.

- 사랑하는 이들을 실망시키지 않는다면 포기할 수 있는 기대가 있는가?
- 사랑하는 사람들이 내 결정을 받아들이지 않으리라는 사실을 알고 있는가?
- 내 선택에 대한 사랑하는 이들의 반응 때문에 고통스러워한 적이 있는가? 만약 그렇다면, 그 고통을 치유하기 위해 어떻게 하고 있는가?

내가 만든 틀에서 깨어나자

다시 한번 말하지만, 나는 직접 실행해서 즉각적이고 강력한 결과가 나오지 않은 내용은 애기하지 않는다. 난 제작자 겸 작가지만 부업으로 늘 설교를 해왔다. 예전에는 설교해 달라는 요청을 받을 때마다 거절하지 않고 전부 승낙하는 게 습관이었다. 2020년 초가 되자 설교 요청을 점점 더 많이 받게 되었다. 처음에는 전부 다 받아들였다. 늘 그렇게 해왔고, 또 남에게 도움이 되면 기분이 좋으니까 말이다. 하지만 몇 달 뒤, 설교가 내 삶과 내가 세상에 미치는 전반적인 영향에 어울리는지 여부를 살펴볼 필요가 있다는 걸 깨달았다. 그래서 솔직하게 나 자신에게 물었다. '잠깐만. 내가 왜 이러는 거지? 왜 이렇게 설교를 많이 하지?'라고 말이다.

나는 열다섯 살 때부터 설교를 시작했는데, 당시 우리 교회에서 두 번째로 맞이한 연례 청소년의 날에 연설을 해달라는 요청을 받았다. 1회 행사 때는 우리 형이 연설을 했다. 나는 외향적이고 교회 행사에도 많이 참여했기 때문에, 청소년 사역 대표인 고모가 행사에서 설교를 해달라고 부탁했을 때도 놀라지 않았다. 나는 성경 외에도 설교 준비를 위해 연설가 레스 브라운(Les Brown)의 『나의 승리 전에 끝이란 없다(Live Your Dreams)』라는 책도 공부했다. 그리고 집중력을 유지하자는 주제로 연설을 했다. 그날은 긴장도 되고 설레기도 했지만 설교단에 올라가 최선을 다했다. 놀랍게도 내가 상상했던 것보다 훨씬 잘 진행됐다. 행사가 끝난 뒤 많은 사람들이 내게 다가와 말했다. "오, 정말 대단했어요. 당신은 설교자가 되어야 해요." 그날부터, 그리고 할리우드에서 어느 정도 경력을 쌓은 뒤에도, 설교를 조금씩은 계속했다. 설교를 완전히 그만두고 싶다고 생각한 적은 없지만, 어느 순간부터 정체성을 잃고 혼란스러워지기 시작했다.

내가 믿음에 매우 헌신적이라는 건 알고 있었다. 문제는 스스로를 설교자라는 상자에 집어넣고, 그 역할에 따르는 모든 기대를 자신에게 걸고 있다는 걸 느끼기 시작한 것이다. 그런데 자신에게 솔직해진 결과, 그게 내가 추구하는 목표가 아니라는 걸 인정했다. 내가 미치는 전반적인 영향을 살펴보니, 제작이나 글쓰기, 동기 부여 같은 내 재능의 다른 측면들이 강단에 서서 하는 일 이상으로 사람들에게 다가갈 수 있는 독특한 방법을 제공한다는 걸 알았다. 그렇다고 내가 설교를 사랑하지 않거나 가치 있게 여기지 않는다는 뜻은 아니다. 설교는 그저 내가 하는 일들 가운데 하나일 뿐이지, 내 본질 자체는 아니다. 그러니 언제, 어디서, 얼마나 자주 설교할지는 내가 정할 것이다. 나 외에는 이걸 정할 수 있는 사람이 없다.

다시 한번 말하지만, 이건 일정표에 적혀 있는 수많은 일들을 곡예하듯 처리하는 그런 문제가 아니다. 어떤 꼬리표를 붙여 정의할 수 없는 내 진짜 정체성에 맞게 살고자 하는 욕구에 관한 문제였다. 이때 깨달은 건 너무 오랫동안 그 상자 안에 있다 보니 나 자신을 잃었다는 것이다. 나만의 특별한 목적을 가진 진정한 자아, 독특한 자아를 말이다. 그래서 그렇게 계속 마음이 뒤숭숭했던 것이다.

이런 사실이 명확해지자마자, 나를 이 상자 틀안에 집어넣은 건 다름 아닌 나 자신이라는 걸 깨달았다. 그리고 사람들이 내게 이런 기대를 거는 걸 원치 않는다면 얼른 틀에서 벗어나야만 했다. 설교를 그렇게 많이 하지 말고 물러나는 게 옳다는 걸 알면서도 간혹 망설이는 순간이 있었다. '이게 나한테 어떤 의미가 있을까? 나 때문에 사람들이 화를 낼까? 이 세상에서 내 자리를 잃게 될까?' 등등 궁금한 게 많았다.

두려워하는 걸 두려워하지 말자. 물론 자기 자신에 대해 알고 있다고 생각하던 걸 전부 바꾼다는 건 두려운 일이다. 그래도 계속 앞으로 나아가야 한다. 내 멘토의 말처럼, "당신이 원하는 삶은 당신이 두려워하는 것의 건너편에 있다." 그래서 나도 밀고 나갔지만 결국 두려워하던 저항에 부딪혔다. 설교는 내 본질이 아니라고 말했지만, 우리 팀 사람들은 나를 계속 몰아붙였다. "아니, 설교를 계속해야 해요. 사람들은 당신이 계속 설교하기를 기대하고 있다고요."

남들이 기대한다니 계속할 수밖에 없었다. 난 기대치 설정에 관한 책을 쓰는 이 분야의 전문가인데, 이런 나조차도 싫다고 말하는 건 힘들다. 그렇게 몇 달이 지나자, 더 이상 진실을 부정할 수가 없었다. 설교를 좋아하긴 하지만, 설교를 하면서 느끼는 즐거움이 점점 사라지고 있었다. 그래서 다시 팀 사람들을 만났다. "내가 설교를 그만두더라도 사람들은 계속 살아갈 수 있지 않은가? 나는 내 감정에 순종할 것이고, 더 이상 남들의 기대에 부응해서 살지 않을 것이다. 다시는 설교를 하지 않겠다는 얘기가 아니다. 물론, 언제든 다시 할 거다. 하지만 지금은 물러나야 할 때다. 사람들이 화를 내고 상처를 받을 수도 있겠지만, 그들의 실망감은 시간이 해결해줄 것이다."

나는 내 입장을 고수했다. 그리고 설교 약속을 덜 잡았는데, 그 결정의 이면에 뭐가 기다리고 있었는지 아는가? 기쁨과 자유. 생각하고, 살아가고, 진정한 나 자신이 되고, 내게 정말 중요한 게 뭔지 파악하고, 더 많은 일을 시작할 수 있는 공간이 늘어났다. 설교 일정을 줄이자 자기반성과 자기 계발에 할애할 시간이 많아졌다. 나는 누구인가? 내가 정말 하고 싶은 일은 무엇일까? 이 재능을 어떻게 사용하고 싶은가? 내가 세상에 어떤 영향을 미칠까?

이 질문에 답하는 것은 내가 정말 하고 싶지 않았던 다른 의무를 몇 가지 놓아버리는 데도 도움이 되었다. 그리고 이렇게 더 커진 자기 인식과 자기 수용을 바탕으로 기대치를 다시 설정하기 시작했다. 이는 평생에 걸쳐 진행되는 과정이며, 연습을 통해 향상되어 마침내 자동으로 진행되는 경지에 이를 것이다.

때로는 바쁘거나 다른 일에 몰두해 있는 경우도 있는데, 그럴 때는 스스로 생각할 필요가 없다. 자동 조종모드로 들어가는 것이다. 심지어 정말 해야 하는 일을 마주하고 싶지 않은 약간의 회피까지 겪고 있을지도 모른다. 자기 앞에 놓인 일을 하는 것보다 자신과 단둘이 마주하면서 진짜 진로를 찾고 기대를 정하는 게 더 어렵다. 자신의 진정한 소명을 바탕으로 삶을 건설해야 하는 도전에 직면하는 것보다는 불편하더라도 다른 이들의 기대에 따라 살아가는 게 더 쉬울 수도 있다. 하지만 그러려면 일단 멈춰야 한다.

이렇게 새로운 방식으로 기대치를 정한 후로는, 설교는 내가 해야 하는 의무라서 하는 게 아니라 은사의 표현처럼 느껴졌다. 전보다 훨씬 행복하고 자유로운 기분이 들었고, 내 메시지도 더 명확하고 강렬해졌다. 나는 내가 설교한 길을 걷고 있다. 다른 사람들에게 하라고 말한 것처럼 내 목적을 찾았고 그것에 충실하게 살고 있다. 내 기대치를 정했고 내 조건에 따라 살고 있다. 자유롭게 살고 있다.

이제 여러분 차례다. 자신에게 물어보자.

• 현재 하고 있는 3가지 일 가운데 에너지를 가장 많이 소비하는 건 무엇인가?

- 내가 정말 하고 싶은 일은 무엇인가?
- 내 재능을 어떻게 사용하고 싶은가?
- 내가 세상에 미치는 영향은 무엇이고, 그게 내가 진정으로 원하는 바인가?

이 질문에 대한 답변의 반대편에 자유로운 자아, 자유로운 삶, 그리고 기쁨이 있다.

✅ 기대 체크리스트

1. 1장에서 작성한 개인 기대 목록 5가지를 가지고 "기쁨 vs. 고통" 평가를 실시한다. 여러분에게 기쁨을 안겨주는 기대 옆에는 J, 고통을 안겨주는 기대 옆에는 P라고 적는다.

2. P라고 표시한 기대 가운데 지금 바로 놓아버릴 수 있는 건 몇 개나 되는가?

3. 기대를 놓아버릴 수 없다면, 그 이유는 무엇인가? 그 일이 다른 사람에게 중요하다는 사실을 안다면, 여러분의 관점을 전환해서 그걸 남들이 여러분에게 기대하는 바가 아니라 여러분이 그들에게 주는 선물로 바꿀 수 있는가?

4. 그중에 부모님이 거는 기대가 있다면, 그걸 그냥 놓아버릴 수 있는가? 아니면 그들의 기대와 관련해 아직 원망이나 고통을 느끼고 있기 때문에, 그 기대를 완전히 놓아버리고 스스로를 치유하려면 먼저 부모님과 얘기를 나눠볼 필요가 있는가?

5. 가족이 여러분에게 품고 있는 기대를 놓아버릴 경우 그들이 화를 내거나 여러분을 거부할까 봐 두렵다면, 힘들 때 자기 본연의 모습을 보여줄 수 있는 믿을 만한 친구가 있는가?

4장

여러분의 기대는
비현실적이다

윤리를 위반하는 가장 큰 이유는 기대(때로는 비현실적인 기대)에
부응해야 한다는 압박감 때문이다.

스티븐 코비(Stephen Covey) 커비리더십센터 창립자

———————

내 차가 날아다니기도 하고 아침도 만들어줬으면 좋겠지만,
그건 비현실적인 기대다.

잭 트레턴(Jack Tretton) 소니 컨퍼런스 CEO

여러분은 지금 기대의 위기에 처해 있는데, 그 사실을 깨닫지 못했을지도 모른다. 다들 사방에서 쉴 새 없이 쏟아지는 비현실적인 기대에 노출되어 있고 그래서 그런 기대를 혼자 떠안는 경우가 많다는 걸 생각하면 이건 충분히 이해할 만한 일이다.

우리는 비현실적인 기대의 시대를 살고 있다.

어떤 제품이나 의상이 우리를 당장 최고의 모습으로 만들어줄 수 있다는 근거 없는 믿음을 주입하면서 매년 수백만 달러를 벌어들이는 광고를 보라. 하지만 자세히 들여다보면, 광고는 기본적으로 우리의 이룰 수 없는 열망이 교묘하게 모습을 바꾼 것이다. 그래서 언제나 즉각적으로 심각한 부정적 영향을 미칠 수 있다.

〈하버드 비즈니스 리뷰〉에 30년 동안 진행된 어떤 연구 결과가 발표되었는데, 연구진은 유럽 27개국에서 90만 명이 넘는 시민들을 대상으로 설문 조사를 하면서 "당신은 자기 인생에 얼마나 만족합니까?"라는 간단한 질문을 했다. 이 연구는 한 나라에서 1년간 광고에 지출하는 액수가 늘어날수록 거주자들의 행복 수준은 그만큼 감소했다는 결론을 내렸다.

이 연구를 수행한 연구진 중 한 명인 워릭 대학교의 앤드류 오스왈드(Andrew Oswald)의 말에 따르면, 광고 지출이 두 배로 늘면 만족도가 3퍼센트 떨어졌다고 한다. 그는 이런 감소는 "이혼한 사람에게서 나타나는 생활 만족도 감소의 절반 수준, 실직한 사람과 비교했을 때는 3분의 1 수준"이라고 설명했다. "우리는 사람들이 살면서 나쁜 일을 겪었을 때 얼마나 영향을 받는지 조사해본 경험이 많은데, 광고는 그런 경험과 비교해도 상당히 심각한 결과를 낳는다."

오스왈드가 분석한 것처럼 광고는 우리를 다른 사람과 비교하게 하고, 우리의 소유물뿐만 아니라 더 나아가 우리 삶이나 자기 자신에 대한 만족도까지 떨어뜨림으로써 우리 내면에 비현실적인 기대를 만들어낸다.

우리는 많은 연구를 통해 사회적 비교가 정서적으로 해로울 수 있다는 사실을 알고 있는데, 광고는 자신을 다른 사람과 비교하도록 자극한다.

멋진 새 차 광고를 보면, 평범한 내 차를 생각하게 되어 기분이 나빠질 수도 있다. "나한테 무슨 문제가 있는 걸지도 몰라"라고 생각할 수도 있다.

광고 외에도 틱톡(TikTok), 인스타그램(Instagram), 페이스북(Facebook), 유튜브(YouTube), 트위터(Twitter), 트위치(Twitch) 같은 소셜 미디어도 우리가 남들에게 어떻게 보여야 하고 어떻게 살아야 하는지에 대한 비현실적인 기대로 가득 차 있다. 대부분의 사람들이 날마다 어떤 형태로든 이런 압박감을 느끼고, 때로는 우울증과 불안 증세를 겪기도 한다. 그런 사람은 우리뿐만이 아니다. 2018년에 BBC에서 나온 보도에 따르면, 장애인 복지단체인 스코프(Scope)가 시민 1,500명을 대상으로 실시한 설문조사 결과 그중 절반 이상이 소셜 미디어 때문에 자기가 '무능한' 사람이라는 기분을 느끼게 되었고, 18~34세 사이의 응답자 중 절반은 자기가 '매력이 없다'고 느끼게 됐다고 한다.

다른 사람들이 뭔가를 하는 듯한 모습을 보면, 의식적으로든 무의식적으로든 자기를 그들과 비교하기 시작하거나 평소에는 절대 원하지 않았을 뭔가를 원하게 되기 쉽다.

소셜 미디어에 올라오는 날 선 평가와 비판으로 가득한 수많은 부정적인 댓글은 말할 것도 없다. 그게 여러분을 겨냥한 댓글이라면, 자신에 대해 훨씬 안 좋은 기분을 느끼게 될 수도 있다. 어떤 게시글을 올렸는데 원하는 만큼 '좋아요'를 많이 얻지 못해도 화가 날 수 있다. 진짜 문제는 다른 사람들이 하는 일, 성취한 결과, 소유한 것을 보고는 본인이 스스로에게 이런 모든 압박을 가할 때 발생한다. 그러면 결국 여러분의 시스템이 심하게 소모된다.

비현실적인 기대란 무엇인가?

희망을 깨고 싶지는 않지만, 여러분이 품은 기대 대부분이 비현실적일 수 있다. 여러분이 그렇게 좌절하는 이유도 이 때문이다. 현실에 근거하지 않은 일을 이루려고 애쓰고 있다는 얘기다. 자, 날 비관론자라고 부르기 전에 내 말을 끝까지 들어보기 바란다. 난 믿음을 사랑하고 매일같이 그 믿음의 힘으로 살아간다.

하지만 그러면서도 한편으로는 세상의 모든 좋고 나쁜 현실을 받아들이려고 노력한다. 이건 현실적인 기대치를 설정하는 데 도움이 되는 중요한 과정이다. 나는 통제할 수 없는 걸 통제하려고 할수록 더 좌절하게 되고 매우 불만스러운 삶을 살게 된다는 걸 힘들게 배웠다. 그래서 여러분은 현실적인 기대가 무엇을 의미하고 어떻게 작용하는지 제대로 이해하길 바라는 것이다.

비현실적인 기대와 현실적인 기대의 차이는 '통제'라는 한 단어로 요약할 수 있다. 여러분이 원하는 결과를 자기 능력으로 이룰 수 있다면 그건 현실적인 기대다. 하지만 본인이 통제할 수 없는 걸 기대한다면 그건 비현실적인 기대다.

자기가 통제할 수 있는 걸 기대하는 것이 현실적이다.

자기가 통제할 수 없는 걸 기대하는 것은 위험하고 비현실적이다.

이건 단순한 개념이지만, 현실적인 기대치를 설정할 때 흔히 맞닥뜨리는 가장 큰 장애물이 이를 부인하는 것이다. 우리가 자기 삶의 거의 모든 부분, 특히 정말 관심 있는 부분에서 무력하다는 사실을 인정하는 건 어려울 수 있다.

비현실적인 기대는 미래의 분노다

비현실적인 기대가 가장 큰 피해를 입힐 수 있는 부분 중 하나는 다른 사람들과의 관계다. 간단하게 말해서 그건 미래에 싹을 틔울 분노의 씨앗이다. 존 A. 존슨(John A. Johnson) 박사는 〈사이콜로지 투데이〉에 기고한 '기대의 심리학'이라는 글에서 이렇게 분석했다. "기대 문제는 합당한 이유도 없이 어떤 일이 벌어질 것이라고 예상할 때 발생한다. …… 기대는 사전에 계획된 분노다."

다른 사람들과 관련된 기대를 분석해서 그게 현실적인지 아닌지를 판단할 때는 우리가 아무도 통제하지 못한다는 사실을 항상 기억해야 한다. 배우자, 자녀, 친구, 가족은 물론이고 부하 직원들까지 말이다. 우리가 통제할 수 있는 건 자기 자신뿐이다. 다른 사람들에게 뭔가를 해달라고 부탁할 수는 있다. 그들이 우리 요구를 들어주지 않으면 우리가 어떤 결과를 초래할 수 있다. 하지만 그 이상을 바라는 것은 비현실적인 기대와 그것이 야기하는 분노의 영역을 향해 질주하는 것이나 다름없다.

하지만 대부분의 관계에는 '암묵적인 사회적 계약'이 수반되기 때문에 많은 이들이 바로 이런 문제에 빠지게 된다. 일반적으로 여기에는 잘못된 게 아무것도 없다. 문제는 우리의 모든 욕구가 자기가 원하는 대로 정확히 충족될 것이라고 가정할 때 발생한다. 때로는 자기가 바라는 게 뭔지 제대로 표현조차 하지 않아도 말이다. 분명히 이건 상대방의 잘못이 아니다. 기대치를 적절히 설정하지 못한 우리 잘못이다. 그런데도 우리는 여전히 감정이 우리를 얽어매도록 내버려두고 있다.

존슨 박사는 우리의 기대를 좀 더 현실적이고 긍정적인 방향에서 바라볼 수 있게 해준다. "말로 표현하지도 않은 기대가 자기가 원하는 걸 가져다주리라고 믿는 건 마술적인 사고이며 비현실적이다. …… 다른 사람들이 여러분에게 이익이 되는 일을 해줄 것이라고 기대하는 것 또한 비현실적이다."

비현실적인 기대는 관점을 왜곡시킨다. 어떤 기대가 여러분이 원하는 방식대로, 그리고 여러분이 정한 시간 안에 충족되지 못하면 결국 좌절하거나 완전히 우울해질 수 있다. 그리고 다른 사람들의 비현실적인 기대를 충족시키지 못한다면, 스스로를 억압하거나 자기 파괴적인 행동을 하게 될지도 모른다. 혹은 불공정한 기준에 반기를 들 수도 있는데, 그렇게 하면 여러분의 관계와 개인적인 행복이 위태로워질 수 있다. 비현실적인 기대에 부응하려고 노력하는 것도, 그걸 다른 사람이나 자기 자신에게 투영하는 것도 전부 위험하다. 그들은 여러분의 가치, 축복, 그리고 개인적인 실패도 더 큰 승리를 위한 디딤돌이 될 수 있다는 현실을 보지 못하게 한다.

가족, 직장, 연인 등 인생의 중요한 관계를 살펴보고 자신에게 물어보자.

• 내 인생의 누군가가 내게 비현실적인 기대를 투영하고 있는가? (ex. 전화를 자주 하는 어떤 친구가 여러분도 자기만큼 자주

전화를 걸어주기를 바랄 수도 있다.)

- 내가 다른 사람에게 비현실적인 걸 기대하고 있는가? (ex. 친구가 여러분이 올린 소셜 미디어 게시물에 항상 좋아요를 누르고 댓글을 달아주길 바랄 수도 있다.)

누군가가 능력 밖의 일을 해주기를 기다리는 것은 복권을 사지도 않고 복권에 당첨되기를 기다리는 것과 같다. 그럼에도 불구하고 우리는 다른 사람은 물론이고 심지어 우리 자신에게도 이런 일을 기대하고 있다.

현실적이지 않은 기대에 부응해야 한다는 압박감

이는 누구도 피할 수 없다. 겉보기에 자기 분야에서 탁월하고 항상 최고의 모습으로 사는 것처럼 보이는 이들도 다른 사람이 자신에게 투영한 비현실적인 기대 때문에 무능한 사람이 된 듯한 기분을 느낀다고 인정했다.

세계에서 메달을 가장 많이 딴 여자 체조선수인 시몬 바일스(Simone Biles)를 예로 들어보자. 그녀는 올림픽에서 금메달 4개를 따, 단일 올림픽 게임에서 미국 여자 체조선수가 획득한 최다 금메달 기록을 세웠고 거기에 동메달까지 땄다. 또 몇 년 동안 세계 선수권 대회에서 받은 메달만 해도 24개가 넘는다. 게다가 발간되자마자 〈뉴욕 타임스〉 베스트셀러 목록 1위에 오른 『비상하는 용기(Courage to Soar: A Body in Motion, a Life in Balance)』라는 회고록을 공동 집필하기도 했는데, 이 책은 나중에 라이프타임(Lifetime) 채널에서 전기 영화로 각색되었다. 그녀는 또 나이키와 유나이티드 항공 같은 회사들의 후원도 받았다. 다시 말해, 시몬 바일스는 믿을 수 없을 정도로 재주가 많은 사람이다. 하지만 2020년 3월에 〈굿모닝 아메리카(Good Morning America)〉에 출연해서 밝힌 것처럼, 시몬은 인터넷 악플러들이 그녀의 이미지에 끼친 부정적인 영향 때문에 고통받고 있다. "처음에 그런 댓글을 봤을 때는 울기도 하고, 그중 일부에 다시 대댓글을 달기도 했어요. 그런 걸 하나하나 꼼꼼히 살펴보기 시작한 거죠. '당신은 코가 너무 커'라는 댓글을 보면, '아, 맞아. 너무 크긴 하지'라는 생각이 들었어요."

하지만 스스로의 노력을 통해 더 넓은 관점을 얻게 된 그녀는 이제 자신의 외모와 성취한 일들 외에는 아는 게 없는 이들의 부정적인 평가에 더 이상 힘을 실어주지 않게 되었다. 그리고 외모와 관련된 비현실적인 이상과 그런 생각이 온라인에서 전파되는 불친절한 방식에 반대하는 목소리를 내려고 노력하고 있다. 시몬은 피부 관리용 화장품인 SK-II와 손잡고 현재의 미의 기준에 도전하기 위한 #NOCOMPETITION 캠페인을 시작하면서 자기와 같은 압박감을 느끼는 운동선수들을 동참시켰다.

이 일을 시작한 2020년 2월에 그녀는 경쟁이 자기 인생에 미친 부정적인 영향에 관한 글을 인스타그램에 올렸다.

경쟁 문제에 대해 얘기해 보자. 구체적으로 말하자면, 내가 자원하지도 않았고 그러고 싶은 생각도 없는 경쟁이 거의 일상적인 도전이 되었다. 이런 사람이 나 뿐만은 아닐 것이다. 다른 많은 직업과 마찬가지로 체조 분야에서도 성적 자체와 무관한 경쟁이 증가하고 있다. 내가 말하는 건 아름다움에 관한 문제다. 이유는 모르겠지만, 사람들은 본인의 기준에 따라 여러분의 아름다움을 정의할 수 있다고 느끼는 듯하다.

사회적 규범으로 격상된 건전하지 못한 기준에 반발하는 시몬에게 박수를 보낸다. 애초에 이런 캠페인이 필요하다는 사실 자체가, 기대 위기가 얼마나 광범위하고 해로운지 보여주는 강력한 지표라고 생각한다. 그리고 아름다움은 사람들이 경쟁하거나 따라잡을 수 없다고 느끼는 수많은 영역 중 하나일 뿐이다.

우리들 대부분은 날마다 자기도 모르는 사이에 이런 음흉하고 비현실적인 기대를 받아들이고 있다. 그리고 그 정체를 알아차리지 못한 채 그걸 본인을 위한 기대로 받아들이려고 하면 노력과 실패의 악순환에 빠지게 되고, 뭔가를 제대로 하지 못하거나 부족하다는 사실 때문에 자꾸 자신을 비난하게 된다. 이런 불만으로 인해 자신을 하찮게 여기거나 극도의 피로감에 휩싸이면, 스스로를 비난하면서 그걸 고치기 위해 무언가를 사게 된다.

그러니 이런 기대들 대부분이 비현실적이라는 걸 알 수 있도록 무의식적이거나 잠재의식적인 프로세스를 검토하고 자신의 진정한 가치관에 부합하는 현실적인 기대치를 설정해야만 본인이 직접 운전대를 잡고 진정한 삶을 시작할 수 있다.

첫 번째 단계는 자기 삶에 존재하는 이런 압박을 찾아내는 것이다. 그래야 그걸 해소할 수 있다. 자신에게 물어보자.

- 인터넷이나 광고에서 본 사람이나 물건 중 경쟁을 위해 뭔가를 사거나 하게 만든 것은 누구(무엇)인가?
- 내가 바라던 반응이나 기분을 얻었는가, 아니면 오히려 기분이 더 나빠졌는가?
- 내 몸이나 삶, 소유물과 관련해 지금 있는 그대로 받아들일 수 있는 게 하나 있다면 무엇인가?
- 현실적인 기대로 대체하고 놓아버릴 수 있는 비현실적인 기대는 무엇인가?

지나친 노력의 대가

코로나19 대유행으로 인해 광범위한 정리해고와 금융 불안정이 발생하기 전에도, 우리는 경쟁이 극심한 교육과 고용 환경에서 살고 있었다. 오늘날의 부모들은 자녀를 일찍부터 몰아붙이지 않으면 미래에 뒤처질 거라고 걱정할지도 모른다. 하지만 여러 연구 결과는 맹목적인 학문적 열망이 비현실적인 기대로 이어지고, 이것이 실제로 학생들의 성적에 부정적인 영향을 준다는 걸 보여준다.

독일 바이에른에 사는 중고등학생 3,500명과 그들의 부모를 대상으로 5년간 진행한 연구 결과는 포부와 기대의 가치를 명확하게 구분했다. "연구진은 부모의 높은 열망이 학업 성취도를 증가시키지만, 그건 부모의 기대가 현실적일 때만 나타나는 현상이라는 걸 알아냈다. 그들의 열망이 자녀가 합리적으로 성취할 수 있는 수준을 넘어서면 청소년들의 성취도가 낮아졌다."

미국 심리학 협회의 〈성격 및 사회 심리학지〉에 보고된 것처럼, 연구진은 비현실적인 기대가 아이들에게 미치는 부정적인 영향을 비판할 때는 말을 아끼지 않았다. 이 연구의 제1저자인 레딩 대학교 코우 무라야마(Kou Murayama) 박사는 "우리 연구는 부모의 열망이 자녀의 학업 성취에 미치는 긍정적인 영향과 부정적인 영향을 모두 밝혀냈다. 부모의 열망이 자녀의 학업 성취도 향상에 도움이 될 수도 있지만 지나친 열망은 오히려 독이 된다"고 말했다.

연구진의 보고서는 부모가 자녀의 학업 성취도를 높이도록 도와주는 프로그램이 자녀에게 항상 더 잘해야 한다고 맹목적으로 촉구하기보다 자녀가 성취와 관련해 현실적인 기대를 품도록 도와주는 쪽에 초점을 맞춘다면 실제로 더 나은 결과를 얻을 수 있다고 설명한다. 이건 매우 중요한 차이점이다. 부모가 자녀에게 더 뛰어난 성과를 올리라고 독려하는 것은 문제가 되지 않는다. 다만 부모의 기준이 자녀가 현실적으로 달성할 수 있는 것보다 높을 때는 문제가 된다.

다시 한번 말하지만, 이게 바로 비교가 그렇게 위험한 이유다. 분명히 각 학생은 자기가 성취할 수 있는 것에 대해 서로 다른 기준이 있을 테고, 부모는 다른 가족과 같거나 더 큰 성공의 상징을 쫓기보다는 그 기준에 따라 자녀에 대한 기대치를 조정해야 한다. 현실적인 수준에 맞춰 기대치를 설정하는 건 모든 사람이 해야 하는 일이다.

스쿨 오브 락의 기대

여러분은 지금 이 순간에도 비현실적인 기대 때문에 힘들어하고 있을지도 모른다. 그런 사람은 여러분만이 아니다. 영화배우 드웨인 '더 락' 존슨(Dwayne 'The Rock' Johnson)도 그런 이들 중 한 명이었다. 그는 2019년에 한 동기 부여 강연에서, 자기는 17살이 되기도 전에 싸움과 도둑질로 8, 9번씩이나 체포되는 등 문제 많은 유년기를 보냈는데 미식축구만이 그런 상황에서 벗어날 수 있는 유일한 길임을 확신했다고 말했다. 그는 대학 1학년 때 마이애미 허리케인스(Miami Hurricanes)라는 미식축구팀에서 수비 라인맨으로 좋은 활약을 펼쳤고, 2학년 때 역시 꾸준한 성장으로 전망이 더 밝아 보였다. 그는 프로미식축구리그(NFL)에 곧장 진출해 자기 꿈을 이룰 수 있을 거라고 확신했다.

하지만 안타깝게도 그의 모든 노력에도 불구하고, 스타 선수가 될 거라는 비현실적인 기대는 그가 통제할 수 있는 게 아니었다. 훨씬 더 강한 수비 라인맨이었던 팀 동료 워렌 샙(Warren Sapp)이 그의 자리를 빼앗았고, 그 후 부상 때문에 존슨의 꿈은 더 멀어졌다. 그는 20대 초반에 허리케인스 팀에서 나오게 되었고, 1995년에 드래프트에 참가했지만 캐나다 풋볼 리그나 NFL의 어느 팀 명단에도 들지 못했다. 프로 미식축구 선수가 되겠다는 희망은 모두 사라졌다. 꿈이 좌절된 그는 부모님이 사는 집으로 돌아갔다. 물론 젊은이들 중에는 성인 생활로 순조롭게 전환하지 못하고 부모님의 도움을 필요로 하는 이들이 많다. 하지만 존슨은 자기가 어디로 향하는지 확신하고 있었기 때문에 이런 상황에 망연자실했다. "내 미래가 이렇게 되어서는 안 된다. 난 지금 NFL에서 뛰면서 돈을 많이 벌어 아내를 부양해야 해. 하지만 그 꿈은 이루어지지 않았다."

기대가 가정이 되는 위험한 방식에 대해 얘기했던 걸 기억하는가? 이런 마술적 사고는 자기도 모르는 새에 비현실적인 기대를 품고 일을 시작할 때 특히 문제가 된다. 그러면 무의식적으로

부적절한 데이터를 기반으로 가정을 형성하게 된다. 미식축구에 대한 존슨의 꿈은 그가 아무리 열심히 훈련해도 스스로 통제할 수 없는 것이었고, 그 사실이 명백해지자 그는 엄청난 충격을 받았다.

다행히 그는 곧 이것이 현실이고 이게 그의 미래를 결정지을 것이라는 깊은 깨달음을 얻었다. 그의 성과나 노력에 문제가 있는 게 아니라, 그가 통제할 수 없는 일들로 인해 밀려난 게 문제였다. 그가 영향을 미칠 수 있었던 부분은 그가 이후에 착수한 모든 일에 쏟아 부은 노력이었다. 비록 프로 미식축구 선수로 성공하지 못한 탓에 엄청난 충격을 받긴 했지만, 그 좌절감 때문에 오랫동안 무기력에 젖어 있거나 우울증에 빠지지 않았다. 다시 마음을 가다듬은 그는 WWE 프로레슬러로 전향해 현장에서 폭발적인 인기를 얻었고, 결국 세계에서 가장 유명한 영화배우 중 한 명으로 성장하는 성공적인 경력을 쌓게 되었다. 결국 그는 실망감을 이용해 자신에게 동기를 부여한 것이다. 그는 강연에서 "일이 잘 안 풀리고, 옆으로 밀려나고, 그런 일이 자꾸 생기면…… 그걸 여기에 담아둬야 합니다"라고 말하면서 자기 가슴을 가리켰다. "그리고 그게 여러분을 움직여야 합니다."

드웨인 존슨은 당연히 많은 이들의 롤 모델이었지만, 그런 사람조차도 자신의 비현실적인 기대 때문에 속상했던 순간들이 있다. 하지만 그는 현실적인 기대, 즉 직업윤리처럼 자기가 통제할 수 있는 것들에 초점을 맞춤으로써 생각과 삶에 큰 변화를 가져올 수 있었다. 인생 후반기에 들어선 현재, 그는 본인이 통제할 수 있는 몇 안 되는 것 가운데 하나가 결실을 맺고자 하는 모든 일에 쏟는 노력의 양이라는 걸 잘 알고 있는 듯하다. 이건 우리 모두에게 중요한 교훈이다.

실제로 통제할 수 있는 것

지금까지 한 장 전체를 할애해서 여러분이 통제할 수 없는 인생의 모든 일들에 대해 이야기했다. 마지막으로, 좋은 소식이 하나 있다. 대부분의 사건에 있어서는 미래의 결과를 통제할 수 없지만, 여러분이 통제 가능한 훨씬 중요한 게 있다. 바로 지금 여러분이 느끼는 행복이다.

이는 참가자 1,154명에게 행복이 작용하는 방식에 대한 인식과 전년도에 얼마나 행복했는지를 물어본 '행복 추적'이라는 새로운 연구에서 나온 결과다. 저명한 심리치료사이자 미국의 작가로 활동하는 브라이언 로빈슨(Bryan Robinson) 박사가 〈포브스(Forbes)〉지에 기고한 '당신은 자신의 행복을 통제할 수 있는가? 새로운 연구가 과학적인 답을 제시한다'라는 글에 요약되어 있는 것처럼, 자신의 행복을 통제할 수 있다고 생각하는 사람은 그렇지 않은 사람보다 훨씬 더 행복했다. 수치는 명확했다. 조사 대상자의 89퍼센트가 행복을 통제할 수 있다고 말했다. 그렇게 생각한 이들의 전체적인 행복 점수는 7.39(10점 만점)로, 그렇지 않은 이들이 받은 5.61보다 높았다. 로빈슨은 다음과 같이 결론 지었다.

가장 행복한 이들은 시간이 지남에 따라 삶이 던지는 커브볼에 대처할 수 있도록 행복 면에서 우위를 점할 수 있는 전략을 실행하는 방법을 배운다. 살면서 우리가 통제할 수 있는 측면에 집중하는 것과 통제할 수 없는 부분에 집중하는 것이 행복 추구에 있어 큰 차이를 만든다.

그래서 자신의 행복을 통제할 수 있다는 기대를 유지하는 것은 우리가 계속 지키면서 가꾸고 싶은 몇 안 되는 신중하게 선택한 기대 중 하나다. 하지만 익숙한 기억도 하나 있다. 우리가 행복한 순간과 이유에 대해 조건을 매기자마자, 놓아줘야만 하는 잠재적으로 해로운 비현실적인 기대가 생기면서 처음 시작했던 곳으로 다시 돌아가게 된다. "내년에 승진한다면 행복할 거야"라고 말하지 말자. "승진하면 행복할 거야"라는 말도 해선 안 된다. 승진에 대한 기대를 버리고 대신 이렇게 말하자.

"나는 지금 행복하고, 이미 행복을 실천하고 있으니 미래에도 행복할 것이다."

이는 관점을 살짝 바꾼 것이지만, 삶에 대한 느낌과 인생을 경험하는 방법에 심오하고 즉각적인 영향을 미칠 수 있는 변화다.

여러분은 여전히 의아할지도 모르겠다. 하지만 행복을 선택하려면 어떻게 해야 할까? 물론 이론상으로는 좋아 보이지만, 실제로 어떻게 해야 행복을 실천할 수 있을까? 추구하는 결과에서 시선을 떼고 하루하루 일궈가는 과정으로 초점을 옮기면 행복해질 수 있다. 결과는 통제할 수 없는 경우가 많기 때문에, 결과에 집중하면 과정을 사랑하는 법을 배웠을 때와 같은 진정한 행복을 얻지는 못할 것이다. (이 변화를 만드는 방법은 뒤에서 자세히 설명하겠다.) 이런 변화는 여러분 존재의 모든 영역에 적용될 수 있고 적용되어야 한다. 그리고 내가 직접 경험해본 바에 따르면, 관점 변화를 통해 전반적인 만족감과 행복감이 즉각적으로 상승하고 거기서부터 긍정적인 결과가 자라날 것이라고 말할 수 있다.

그러니 여러 가지 명백한 이유로 비현실적인 모든 기대뿐 아니라, 여러분 삶에서 다른 사람이 통제하는 것과 관련된 모든 기대를 내려놓는 것부터 시작하자. 그리고 이 작업을 날마다, 영원토록 반복해야 한다. 앞서도 말했듯이, 이건 연습이다. 하지만 그 반대편에서는 여러분이 실제로 통제할 수 있는 것, 즉 행복이 참을성 있게 여러분을 기다리고 있다.

✅ 기대 체크리스트

1. 설정하려는 기대치를 선택한다. 그게 정말 현실적인지 자문해보자. 그렇지 않다면, 더 현실적으로 바꿔서 설정할 수 있는 방법이 있을까? 이 기대를 놓아버려야 한다면, 자신을 위해 설정할 수 있는 다른 현실적인 기대로는 어떤 게 있을까?

2. 비현실적이라는 걸 알지만 여전히 달성해야 한다는 압박감을 느끼는 5가지 신체적인 기대를 적어보자.(ex. 하얀 치아, 王자 복근, 값비싼 옷 등)

   • 이 5가지 항목 옆에, 비현실적인 기대를 현실적인 기대로 바꾸려면 뭐가 필요한지 적는다. 여러분이 감당할 수 있거나 기꺼이 할 수 있는 일인가?
   • 현재 상황을 고려해 비현실적이거나 달성할 수 없다고 간주한 모든 항목에 대해, 이런 기대를 놓아주고 현재의 자기 모습을 마음 편히 받아들이거나 달성 가능한 최상의 결과를 얻으려면 무엇이 필요할까?

3. 과거에 어떤 일이 여러분이 원하는 대로 진행되지 않아서 실망했던 순간 3가지를 적어보자. 그때를 돌이켜보면, 그 기대가 현실적이었는가?

4. 과거에 어떤 사람이 여러분에게 크게 실망했던 순간 3가지를 적어보자. 그들의 기대는 현실적이었는가? 돌이켜보면, 그들이 기대하던 바와 여

러분이 할 수 있는 일 사이의 격차를 잘 메우기 위해 뭔가 다른 일을 할 수 있었을까?

5. 지금 겪고 있는 대인관계 스트레스의 가장 큰 원인은 무엇인가? 여러분과 배우자, 상사, 이웃, 형제자매 등 가까운 사람과의 사이에서 발생한 스트레스일 수도 있다. 솔직하게 대답해보자. 여러분이 느끼는 좌절의 근원인 그 사람에 대해 비현실적인 기대를 품고 있는가? 그 사람의 행동이나 태도와 관련해 더 현실적인 기대는 무엇일까?

5장

자신의 기대를
전달해야 한다

훌륭한 의사소통은 관계에서 시작된다.

오프라 윈프리(Oprah Winfrey) 유명 방송인, MC

동정심이 많은 사람은 자기에게 필요한 걸 요구한다.
그들은 적절한 경계 덕에 분노하지 않기 때문에 동정심이 많다.

브레네 브라운(Brené Brown) 심리연구가, 작가 의사소통에 어려움을 겪는 사람들이 많다. 아니, 사실 거의 모든 사람이 그렇다. 나는 자신을 유능한 의사 소통자라고 생각하지만, 때로는 이런 나조차도 내 기대를 명확하게 전달하는 데 어려움을 겪는다. 하지만 이는 여러분의 현실에 통달하고 자유로운 삶을 향해 나아가기 위한 중요한 도구다.

기대와 커뮤니케이션은 함께 움직인다.

여러분의 기대를 남들에게 알리지 않는다면, 그걸 제대로 설정하지 못할 것이다. 그럼 기대치를 전달하지 않았을 때 발생하는 문제를 살펴보자. 첫 번째 장애물은 어떤 것이 우리에게 왜 중요한지 설명하지 않거나 그걸 직접적으로 요청할 필요가 없다고 여기는 경우가 많다는 것이다. 삶에 대한 자신의 관점에 너무 익숙한 나머지, 본인에게는 명백한 것이 주변 사람, 심지어 우리의 행복을 매우 신경 쓰는 사람에게도 별로 명백하지 않을 수 있다는 사실을 잊어버린다. 사람들은 독심술사가 아니다. 우리의 요구를 전달하는 건 우리에게 달려 있다. 이제 여러분이 다른 사람에게 무엇을 기대하고 있는지, 그리고 이런 기대치를 설정할 수 있는지 여부를 명확히 해야 할 때다.

먼저 스스로에게 물어보자.

• 아직 남들에게 얘기하지는 않았지만 꼭 설정하고 싶은 기대치가 있는가?

- 왜 말을 하지 않았는가? 원하는 답변이나 지원을 받을 수 없을까 봐 걱정이 되는가?
- 어떤 대답을 들어도 괜찮도록 기대치를 다시 조정할 수 있는가?

의사소통의 기초부터 배워보자

사실 우리들 대부분은 의사소통 방법을 배운 적이 없다. 그래서 자녀를 키울 때 이 부분에서 문제를 겪는 부모들이 많다. 배우이자 코미디언인 내 친구 테리 크루스(Terry Crews)는 2014년에 출간된 그의 회고록 『맨후드(Manhood)』에서, 알코올 중독자인 아버지가 의사소통을 꺼리는 바람에 가족들 사이에 긴장감이 조성되고, 테리의 기본적인 자신감에 균열이 발생한 어린 시절의 고통스러운 순간들에 대해 이야기한다. 오랫동안 아버지의 변덕스럽고 불친절한 태도에 시달리고 또 어머니를 자주 학대하는 모습까지 목격한 테리는 10대 때 깨달음을 얻었다.

아버지는 확실히 내게 아무것도 가르쳐주지 않았다. 사실 그는 항상 설명해준 적도 없는 일을 하라고 시키고는 내가 일을 제대로 하지 못하면 화를 냈다. 그게 나한테는 큰 상처가 됐다. 어떻게 내가 배우지도 않은 걸 알 것이라고 기대했는지 이해할 수가 없었다.

안타깝게도 많은 이들이 이런 식으로 성장하면서, 본질적으로 스스로를 키우고 인생에서 알아야 할 것을 배우기 위해 최선을 다한다. 테리의 경우 어린 시절의 고통 때문에 자신을 보호하기 위해 체격과 힘은 키우면서 감정은 억누르게 되었다. 그리고 이로 인해 비밀리에 음란물에 중독되는 바람에 결국 치료를 받았다.

그와 동시에, 예전부터 자기 계발서를 탐독했던 테리는 항상 배우고 성장하면서 더 나은 자신이 되기 위해 노력했다. 그리고 책이 출판될 무렵에 온라인 데이트 사이트인 이하모니닷컴과 인터뷰를 하면서 말한 것처럼, 그는 자기가 아내와의 의사소통을 일부러 피하고 있다는 걸 깨달았다. 의사소통 부족으로 인해 결혼 생활에서 여러 가지 문제가 발생하고 진정한 친밀감이 부족하다는 걸 확인한 그는 자신을 다시 프로그래밍했다.

아내를 통제하기 위해 나 자신에 관한 일을 비롯해 어떤 일들에 관해 얘기하지 않았던 때가 있다. 이는 정보를 적게 줘서 그녀에게 사실이 아닌 그림과 이미지를 제공하기 위한 시도였다. 하지만 정말 중요한 건 누군가가 여러분의 생각을 전부 알고, 여러분이 잘못한 것도 다 알고, 여러분의 문제를 모두 알면서도 여전히 여러분을 사랑한다면 그 관계는 영원히 지속된다는 것이다.

그의 경험은 우리가 의사소통처럼 중요한 부분이 결핍된 상태로 인생을 시작했더라도 살면서 성장할 능력이 있다는 걸 보여준다. 어릴 때 타인과 관계를 맺는 데 필요한 도구를 전혀 제공받지 못했던 테리가 이제는 온라인 데이트 사이트에서 독자들에게 조언을 해달라고 요청할 정도의 전문가로 발전한 모습을 보라. 여러분도 앞 장에서 과거의 결핍을 극복하고 해소하기 위한 작업을 마쳤고, 이제 자신의 존재를 전반적으로 업그레이드하기 위해 신중하게 선택한 기대를 가장 가까운 이들과 공유할 준비가 거의 다 되었다.

자기 계발서 분야의 고전 중 하나인 『데일 카네기 인간관계론(How to Win Friends and Influence People)』도 살펴보자. 데일 카네기(Dale Carnegie)가 1936년에 펴낸 이 영원한 베스트셀러는 지금까지 1,500만 부 이상 팔렸다. 카네기는 제1장 〈꿀을 모으고 싶다면 벌집을 걷어차지 마라〉에서 훌륭한 지도자와 사상가의 다양한 예를 활용해서 접근 방식의 중요성을 입증한다. "젊을 때 요령이 없었던 벤저민 프랭클린(Benjamin Franklin)은 외교적인 기술을 발전시키고 사람들을 다루는 데도 능숙해져서 프랑스 주재 미국 대사로 임명되었다. 그의 성공 비결은 뭘까? '나는 그 누구도 비방하지 않고 모든 사람에 대해 내가 아는 좋은 점만 말할 것이다.'"

정치인이나 기업 리더가 아니더라도 보다 뛰어난 의사소통 기술과 요령을 발휘해서 이익을 얻을 수 있다. 배우자나 자녀, 부모, 가장 친한 친구, 사랑하는 사람과 대화를 시작할 때 화를 내면서 말문을 열어선 안 된다. 이해와 화합의 환경을 조성하는 데 역효과를 낼 것이다. 여러분이 의사소통하는 사람에게는 여러분이 기대하는 바를 이해하는 데 필요한 정보가 없다. 지금은 그들에게 여러분의 기대를 명확하게 전달할 수 있는 기회다.

거절의 말을 듣는 건 언제나 쉽지 않은 일이다

다음은 기대치를 정하는 데 있어 가장 어려운 부분 중 하나다. 여러분은 다른 사람과 관련된 현실적인 기대를 품을 수 있다. 그리고 그 기대치를 정하기 위해 상대에게 내용을 명확하게 전달할 수 있다. 하지만 여러분의 기대를 말로 표현하고 그 기대를 충족시켜 달라고 부탁해도, 상대방이 반드시 거기에 동의할 의무는 없다는 걸 받아들여야 한다. 또 여러분의 기대를 거부하는 그들의 결정이 마음에 들지 않더라도, 기대에 부응해주지 않는 그들을 비난하지 말고 자신의 감정을 잘 다스려야 한다.

또 상대방이 별로 그럴 기분이 아니더라도 여러분이 해야 할 일을 건너뛰어서는 안 되며 그 사람이 본인에게 의미 있는 일을 포기하기를 기대해서도 안 된다. 그리고 단순히 거부의 말을 듣고 싶지 않다는 이유만으로 어떤 주제든 대화를 피해선 안 된다. 상황이 어떻든 간에, 양측이 충분히 정보를 숙지하고 받아들이는 것이 바람직하다.

어떤 관계나 우정이 잘 기능하려면, 양측 사이에 정해진 의무나 합의가 있다고 하더라도 별로 마음이 내키지 않을 때는 거부해도 되도록 허용해야 한다. 물론 그렇게 상대방의 요구를 감안하고 경계를 인정해주다 보면, 여러분은 기분이 좀 침울해질 수 있다. 하지만 괜찮다. 그게 둘의 관계가 나쁘다는 뜻은 아니다. 오히려 그 반대다. 두 사람의 감정을 모두 고려할 수 있는 역동적인 관계를 구축하는 것은 꽤 큰 성과이며, 항상 쉬운 일은 아닙니다. 이를 위한 핵심은 소통이다.

모든 중요한 관계에 있어 여러분이 그 관계를 우선시하고 또 여러분과 상대방이 서로의 요구를 충족시켜 주는지 확인하려면 꾸준한 대화가 필요하다. 명심해야 할 중요한 사항은 시간이 지나면 사람도 변하고 그들의 우선순위도 변하기 때문에 예전에 정한 기대치를 중심으로 새로운 협상이 필요할 수도 있다는 것이다. 여러분이 이런 정보 교환을 마음 편히 받아들이고 자기가 원하는 정확한 결과를 얻는 것에 덜 집착할수록 대부분의 관계에 존재하는 유동적인 특성에 대처하기가 더 쉬워질 것이다.

그렇긴 해도, 이미 기대치와 관련해 많은 노력을 기울였음에도 불구하고 때로는 멈춰서 스스로에게 물어봐야 한다. '나는 지금 실제로 존재하는 상황에 반응하는 것인가, 아니면 내가 그래야만 한다고 생각하는 기대치에 반응하는 것인가?'

마찬가지로, 우리가 가까운 누군가의 기대를 저버린다면 그들도 아마 그에 대해 어떤 감정을 느낄 것이다. 이럴 때는 본인의 마음이 시키는 일(혹은 말리는 일)에 충실하면서도 그들의 감정을 받아들일 공간을 만들어야 할 수도 있다. 또 그들의 분노는 우리에게 마음을 쓰지 않는다는 뜻이라고 스스로 말하면서 그들의 감정에 휘말리지 않도록 조심해야 할지도 모른다. 아니, 그들의 분노는 우리 문제가 아니라 그들의 문제고, 그들에게는 단순히 생각을 재정리할 시간이 필요한 것일 수도 있다.

감정을 품는 것은 건전한 일이지만, 부정적인 감정을 해소하려면 자기 감정을 잘 다스릴 줄 알아야 한다. 만약 그 과정에 약간의 도움과 지원이 필요하다면, 상담 치료사나 인생 코치, 믿을 수 있는 친구에게 도움을 받는 것이 좋다. 의도하지 않은 부정적인 감정도 표현하지 못한 기대와 마찬가지로 곪아터지거나 분노를 불러일으킬 수 있다. 둘 다 마음속 깊은 곳에 뿌리를 내리고 여러분에게 매우 해롭고 파괴적인 존재가 될 수 있다.

이 부분에서 문제가 발생한다면, 자기도 모르는 더 심각한 문제가 존재하는 것일지도 모른다. 상대방이 여러분을 행복하게 해주길 기대하는 등 남에게 너무 많은 것을 걸고 있는 건 아닌지 자문해볼 때다. 우리는 이런 기대가 공정하지도, 옳지도, 지속가능하지도 않다는 사실을 알고 있다. 하지만 때때로 어떻게든 그렇게 하고 싶다는 유혹을 느낀다. 자기 삶에서 실망의 근원을 찾아내고 스스로에게 정말 정직해지기 위해 필요한 개인적인 평가를 하는 것은 본인에게 달려 있다. 자신에게 던져야 하는 질문은 다음과 같다.

- 이 상황을 개선하거나 요구를 충족시키기 위해 내가 할 수 있는 일은 무엇인가?
- 이런 기대를 품는 바람에 결국 행동을 취하지 않게 된 것인가?
- 내가 직접 해야 할 일을 남에게 의탁하거나 누군가 대신 해주기를 기대하고 있는가?

솔직히 말해서, 여러분이 원하는 일을 다 하는 사람을 사랑하는 것은 매우 쉽다. 절로 사랑이 우러나니까 정말 쉽고 즐거울 것이다. 하지만 여러분의 사랑을 시험해보고 싶다면, 그들이 여러분이 원하는 일을 하지 않는 순간에 대처해 보자. 그때가 바로 여러분이 성장하는 때다. 여러분의 가슴이 열리고 마음이 넓어지고 존재가 확장되면서 한 인간으로서 성장하게 될 것이다.

기대치 재설정

여러분이 자신의 기대를 얘기했는데 심한 비난을 당한다면 어떻게 하겠는가? 혹은 누군가와 함께 기대치를 정했는데 그들이 약속한 대로 살아가지 못한다면? 이럴 때는 감정을 다스린 뒤에, 그 기대치를 실제 설정 가능한 방향으로 재구성할 방법을 찾아야 한다. 그러려면 주변 사람 중에 그 기대를 충족시킬 수 있는 사람이 있는지, 혹은 여러분 스스로 그걸 충족시킬 수 있는지 자문해봐야 한다. 미국의 임상심리학자 멜라니 그린버그(Melanie Greenberg) 박사는 〈사이콜로지 투데이(Psychology Today)〉에 기고한 '사람들이 여러분을 실망시킬 때 마음을 돌보는 6가지 방법'이라는 글에서, 화가 났을 때 자기 감정을 다스리는 요령을 알려주고 그런 상황에서도 만족스러운 결과를 얻을 수 있는 능동적인 방법을 몇 가지 제안한다. 그녀는 "예를 들어, 영화를 보러 갈 계획이었는데 친구가 마지막 순간에 약속을 취소한다면 혼자 보러 가는 걸 고려해 보자. 아니면 같이 가자고 부탁할 수 있는 다른 친구가 있는가? 중요한 건 포기하지 않는 것과 수동적인 분노로 마음을 졸이지 않는 것이다. 이런 상황에서 '정신적으로 건강한 성인'은 어떻게 할지 생각해 보자"고 썼다.

그린버그는 또 다른 중요한 사실을 지적한다. 누군가가 합의한 기대를 충족시키지 못해 여러분을 때때로 실망시키는데 이런 일이 정기적으로 일어난다면, 그 사람과의 관계와 그것이 여러분 삶에서 하는 역할을 다시 생각해 볼 필요가 있다. 그녀의 지적처럼, 자신을 위한 경계를 정하고 지키는 것은 자기 관리를 위해 중요한 행위다.

이 사람을 자주 만나지 않거나 관계를 좀 느슨하게 유지해도 괜찮을까? 이 사람과 여전히 함께 하고 싶은지, 아니면 에너지를 다른 곳에 쏟는 게 나을지 결정하자. 자꾸 약속을 깨거나 거짓말을 하거나 무례하게 구는 것을 용납하지 않으리라는 사실을 상대방에게 알리고 싶을지도 모른다. 그들이 계속해서 여러분을 함부로 대한다면 어떤 결과가 생길지 그들에게 알려주자. 일정한 경계를 정해두면 감정적으로 안전하다고 느끼는 데 도움이 되고, 자아 존중감과 자존심을 회복하는 데도 좋다.

이런 목표를 달성하려면 어느 정도 노력이 필요하지만, 한 가지 기대치를 성공적으로 정한 다음에 다음 기대, 또 다음 기대를 정하면 그 이점이 기하급수적으로 증가한다. 이를 여러분 방식대로 표현해 보자.

오늘부터는 여러분이 먼저 말하지 않아도 다른 사람이 마술처럼 여러분의 기대를 이해하거나 동의해 줄 것이라고 가정하지 말자. 이건 간단해 보이지만 연습이 필요하다. 왜냐고? 여러분이 진정으로 느끼고 원하는 것을 표현하는 것이 두려울 수 있기 때문이다. 그리고 거절에 대한 두려움이 너무 강해서 침묵을 지키기로 결심할 수도 있다. "죽고 사는 것이 혀의 힘에 달렸다"는 말도 있듯이 여러분도 본인이 기대하는 바를 똑똑히 전달해야 한다. 거기에 삶의 질이 달려 있다.

✅ 기대 체크리스트

1. 기대치를 정하기 전에 누군가와 대화를 나눠봐야 하는 기대가 있다면 무엇인가?
   • 여러분의 기대에 부응해 달라고 요청할 때 어떻게 할 계획인가?
   • 다른 사람이 여러분의 기대에 미치지 못한다면 어떻게 할 생각인가?

2. 다른 사람과 얘기를 나눠본 뒤에 여러분의 기대가 비현실적이라는 사실을 깨달아서 그런 기대치를 정할 수 없게 된다면, 상대방과의 협상을 통해 기대치를 현실적으로 만들 방법이 있는가? 만약 불가능하다면, 그 대신 정할 수 있는 의미 있고 관련된 다른 기대치가 있는가?

3. 더 긍정적이면서 남을 비판하지 않는 태도를 취하기 위해, 주변 사람들과 의사소통하는 방법을 조정할 필요가 있는가?

4. 배우자나 가까운 사람의 기대에 부응하겠다고 동의하기 전에 자신에게 물어보자.
   • 이 기대에 동의하는 이유는 무엇인가?
   • 누구에게 이득이 되는가?
   • 정말 하고 싶은가?
   • 싫다고 하거나 기대치를 재협상하려고 할 경우 어떤 일이 생길 것 같은가?

2부

문화적 기대

LIVE FREE

6장

문화를 위해서가 아니라
자신을 위해서 하라

자기 신념대로 살 권리를 빼앗긴 사람은
무법자가 될 수밖에 없습니다.

넬슨 만델라(Nelson Mandela) 최초의 흑인 대통령, 흑인인권운동가

───────

사람이 자기 본성을 바꾸면 그에 대한 세상의 태도도 바뀐다.

마하트마 간디(Mahatma Gandhi) 인도의 민족운동지도자 우리는 모두 매일 매순간 문화적 기대에 영향을 받는다.

문화적 기대는 인종, 종교, 직업, 사회적 집단 같은 친선 집단이 공유하는 다양한 신념과 태도, 가치관이다.

앞서 얘기한 것처럼, 우리는 각자의 종교, 인종, 성별, 민족, 경력, 사회적 지위, 공동체에 맞게 생각하고 행동해야 한다는 기대를 받는다. 그 기대 자체에는 부정적인 부분이 없다. 내가 흔쾌히 준수하는 문화적 기대도 많다. 하지만 이건 내가 스스로 선택하고 정한 기대들이다. 본인이 그렇게 하기로 마음먹었다면, 여러분에게 요구되는 문화적 기대를 뭐든지 충족시켜도 괜찮다. 문화적 기대의 가장 까다로운 측면 중 하나는 그게 우리 정신에 깊이 뿌리박혀 있기 때문에 해체해서 다시 설정하기가 어렵고, 그 과정에서 피해를 볼 수도 있다는 것이다.

같은 문화권이나 가족, 종교, 같은 성별 구성원, 같은 인종 구성원이 여러분에게 기대하는 바 때문에 지금 겪는 내적 혼란이 얼마나 더 복잡해지고 있는지 생각해 보자. 문화권의 기대치를 기반으로 자신에게 거는 기대 때문에 느끼는 심한 부담감은 말할 것도 없다.

부모의 기대에 부응해야 한다는 압박감을 느끼는가? 그게 문화적 기대치다. 특정한 나이까지 특정한 직업을 구하거나, 일정 액수의 돈을 벌어야 한다는 압박감을 느끼는가? 그건 직업적인 기대처럼 보이지만, 여러분이 속한 문화권이 직업적인 성취를 매우 강조한다면 사실상 문화적인 기대일 수 있다.

내 경험상 문화권의 기대는 종종 가장 떨쳐내기 힘들고 고통스러운 기대다. 가끔 한 발 물러서서 자신의 속마음을 정말 솔직하게 들여다보면, 더 이상 문화권의 기대에 따를 수 없게 된다. 혹은 때때로 진정한 자신을 표현하면, 더 이상 우리 문화권 안에서 환영받지 못하게 된다. 내가 동일시하는 문화적 기대가 실제로 개인적인 가치관과 일치하는지 스스로에게 물어보자.

문화적 규범은 변할 수 있고 실제로 변한다는 사실을 명심해야 한다. 자기 문화권 사람들 대부분이 지지하니까 그 규범은 불변의 진리라고 믿을지도 모른다. 그러나 마리 테레즈 클래스(Marie-Therese Claes) 박사가 『문화 지능: 의견을 형성하는 요소 이해』에서 지적한 것처럼, 문화적 규범은 종종 의견에서 비롯되기도 한다. 그녀는 다양한 계층의 사람들이 코로나19 대유행과 '흑인 목숨도 소중하다(Black Lives Matter)' 운동에 대응하는 모습을 보고 〈사이콜로지 투데이〉에 이 글을 기고했다. 그녀는 이렇게 말했다. "우리에게 문화가 있다는 것은 의미와 중요성, 목적, 가치관을 공유한다는 뜻이다. 사회는 공유된 의미를 기반으로 한다. 문화는 공유된 의미이자 사회를 하나로 묶어주는 시멘트다. 그러나 사회는 객관적인 현실이 아니라 모든 사람이 의식을 통해 만들어낸 현실이다."

클래스가 계속 상기시켜 주듯이, 우리의 생각과 신념을 통해 문화가 형성된다는 사실 때문에 자기가 만들어낸 것에 책임을 지게 된다. 또 변화를 선동하고, 포괄성을 키우며, 우리 문화의 전반적인 기조를 개선할 수 있는 힘을 준다. 그녀가 쓴 것처럼, "문화적 지능은 대안, 즉 자신의 견해가 거짓일 가능성을 열린 마음으로 받아들이도록 한다. 모든 것은 협상 가능하고, 그 어떤 것도 신성하지 않다. 문화적 지성이 뛰어난 사람들은 서로의 의견에 귀를 기울이고, 함부로 판단하지 않고 일단 결론을 유보한다."

여러분이 소중하게 여기는 것과 그 가치관을 바탕으로 정한 문화적 기대치를 완전히 일치시켜야 할 때가 됐다.

혼자 힘으로 신중하게 고른 문화적 기대치를 정하고, 자신에게 옳지 않은 것들을 놓아버리는 과정에서 갈피를 못 잡게 될 수도 있다. 자기가 진정 누구이고, 정말 믿는 것이 무엇인지 고민하게 될지도 모른다. 하지만 이런 질문을 던지는 것은 그 과정에서 꼭 필요한 부분이고, 그 너머에는 여러분이 지금껏 경험해 본 가장 놀라운 자유가 기다리고 있다. 오랫동안 자신의 진짜 목소리를 억눌렀다고 해도 그 목소리는 여전히 내면에서 여러분이 풀어주기만을 기다리고 있다. 그리고 그것이 우리가 이 책에서 목표로 하는 일이다.

가족, 친구, 동료, 소셜 미디어 피드 등 여러분 삶의 다른 부분에서 발생하는 소음을 모두 차단하기 바란다. 불행하게도 우리가 속한 대부분의 집단은 소속된 이들이 널리 공유된 신념에 어긋나는 행동을 하면 미쳤다고 생각할 것이라는 사실을 너무 잘 알고 있다. 그 결과 우리는 자신의 신념 체계를 문화권과 일치시키고, 내키지 않더라도 남들이 기대하는 대로 행동해야 한다는 압력에 굴복한다. 이런 기대에 따라 살아가려면 치러야 할 대가가 엄청나게 크다는 것을 알면서도, 같은 문화권의 집단과 대립한다는 건 생각만 해도 너무 무섭기 때문에 어쨌든 따르는 것이다.

평생 동안 자기가 아니 다른 사람으로 살아갈 생각인가? 남들에게 인정받기 위해서?

타인의 기대에 지배되어 질식할 것 같은 기분으로 살아가기보다 자기 인생의 기준을 직접 만든다면 어떨까? 다른 사람이 틀렸다고 설득하려는 게 아니라 자신의 기대치를 스스로 정하고 자기가 선택한 기준대로 살아갈 용기를 내는 것이다. 원하는 삶을 창조하는 데 있어 적극적인 역할을 해야 하며, 자기 문화권에서 마음에 들지 않는 부분을 바꾸는 작업은 본인부터 시작해야 한다.

캔슬 문화

다양한 문화 집단에게 거절당하는 것에 대한 두려움은, '캔슬 문화(cancel culture)'(용납할 수 없다고 간주되는 모든 행동을 포괄적으로 가리키는 대중문화 용어)가 유행하면서 훨씬 더 불길한 느낌으로 바뀌었다.

미국에 유명한 어학사전인 메리엄-웹스터(Merriam-Webster)의 설명에 따르면, 이 말은 "누군가를 캔슬한다는 것은 그 사람에 대한 지지를 중단하는 것을 의미한다. 캔슬 사유는 다양하지만 대개는 문제의 그 사람이 무례한 의견을 내거나 용납할 수 없는 방식으로 행동했기 때문이다."

캔슬 문화의 분노는 유명인이나 대중문화계 인사들에게만 국한된 것이 아니다. 어떤 개인이 캔슬 문화가 동의하지 않는 말을 하거나, 행동을 하거나, 글을 게시하면, 공개적인 망신부터 사회적 따돌림에 이르기까지 다양한 전술을 사용해서 그 사람에게 광범위한 부정적 결과를 안겨준다. 여러분이 어떤 사람인지에 따라 해야 할 말과 행동(혹은 하지 말아야 할 말과 행동)이 있다. 그렇지 않으면 '캔슬' 당하게 될 것이다.

예를 들어, 여러분의 문화권 동료 대부분이 온라인에 어떤 주제에 관한 글을 올린다면 여러분은 이렇게 생각할지도 모른다. '다들 저런 글을 쓴다면 나도 하는 편이 낫겠네. 그래야 나에 대해 이러쿵저러쿵 떠드는 사람이 없을 테니까.' 사실 글을 올리고 싶지 않더라도, 남들 눈을 생각해서 그냥 해버리려는 것이다. 그냥 남들의 기대에 따라 살아가는 게 편해 보이겠지만, 이것은 파멸에 이르는 길이 될 수도 있다. 미국 전 대통령 버락 오바마

(Barack Obama)는 2019년 10월에 열린 정상회담에서 연설을 하면서 캔슬 문화에 내재된 문제, 즉 "본인은 순수하고 절대 타협하지 않으며 항상 정치적으로 깨어 있고 모든 상황을 빨리 극복할 수 있다고 생각한다는 것"을 인정했다.

캔슬 문화의 악영향은 예전부터 널리 논의되어 왔다. 2020년 여름에 보수와 진보 진영을 대표하는 153명의 유명 예술가와 지식인들이 〈하퍼스(Here's)〉 잡지에 실린 '정의와 열린 토론에 관한 편지'라는 제목의 서한에 서명했다. 다음은 시사하는 바가 많은 이 편지의 발췌문이다.

자유주의 사회의 생명선인 정보와 아이디어의 자유로운 교환이 날로 더 제한되고 있다. 자기와 반대되는 견해에 대한 편협함, 공개적인 망신과 배척의 유행, 도덕적 확실성을 가리는 복잡한 정책 문제를 해소하려는 경향 등이 여기 포함된다. 작가인 우리에게는 실험과 위험 감수, 심지어 실수까지 허용하는 문화가 필요하다.

자신의 신념이나 특정한 문화적 기준에 따르는 것을 거부했다는 이유로 인터넷이나 다른 곳에서 망신을 당하는 것이 두렵다면, 그렇게 느끼는 데에는 그만한 이유가 있다. 하지만 나는 그 많은 어려움과 마찰 속에서도 자신의 신념과 기준에 충실해야 하고, 자신에게 진실한 방식으로 말하고 행동해야 하며, 우리가 다른 사람들에게 보여주는 것과 같은 존중과 연민을 가지고 자신에 대한 기대치를 정해야 한다고 계속 주장하고 싶다.

우리는 그들이 우리를 통제하는 것처럼 남의 생각이나 행동을 통제하지 않지만, 자제력을 발휘하여 훨씬 멀리까지 나아갈 수 있다.

소셜 미디어와 관련해서는, 미디어 계정에 글을 올리거나 가족 또는 같은 문화권 구성원과 대화를 나눌 때는 수용과 상호 존중, 포용의 정신을 보여주는 긍정적인 분위기를 조성해야 한다. "당신의 의견에 대한 권리를 존중한다. 다만 나는 그걸 다른 방식으로 보기로 했다" 같은 회유적인 표현을 사용하는 게 좋다. 이렇게 사소하고 대수롭지 않아 보이는 행동에서부터 긍정적인 문화적 변화가 시작된다.

그렇다고 여러분의 신념이나 생활방식을 항상 다른 사람들에게 정당화할 필요는 없다. 물론 모든 사람이 여러분의 인도를 따르지는 않을 것이다. 하지만 긍정적이고 능동적으로 행동하면 다양한 문화적 기대를 보다 포괄적으로 재설정하는 데 도움이 될 수 있다. 여러분과 모든 사람에게 자유로울 권리가 있다는 사실을 잊지 말자. 여러분은 본인뿐만 아니라 자기가 아끼는 모든 이들을 위해 삶의 자유를 위한 공간을 만드는 첫걸음을 내딛게 될 것이다. 스스로에게 이렇게 물어보자.

• 적어도 나 자신에 대한 문화적 기대치를 정하기 전까지는

소셜 미디어나 내가 동일시하는 문화 그룹에서 손을 떼야
할까?

• 분노나 두려움 때문에 주변 사람과의 상호작용에 문제가
생긴 적이 있는가?

• 연민과 포용력의 모범을 보이기 위해 이런 상호작용의 분
위기를 바꿀 수 있는가?

이것은 여러분이 살아갈 인생이다

미국 국립정신건강연구소에 따르면 10대 자살률이 증가하
고 있으며 12~17세 청소년의 12.8퍼센트(310만 명)가 적어도 한
차례 이상 심한 우울증을 겪었다고 〈로스앤젤레스 타임스(Los
Angeles Times)〉가 2018년 4월에 보도했다. 전문가들은 다양한 인
종과 민족, 사회 계층에서 똑같이 발견되는 이런 불행 증가의
원인을 두 가지 지적했다. 첫 번째는 소셜 미디어고, 두 번째는
아이들이 모든 면에서 느끼는 압박의 강도가 증가했다는 것이
다. 전 로스앤젤레스 타임즈 스태프 작가인 패트리스 아포다카
(Patrice Apodaca)는 이 기사에서 다음과 같은 글을 썼다.

오늘날에는 학업, 스포츠, 그리고 다른 활동에서의 성취에 대
한 과도한 기대 때문에 극심한 스트레스와 불안감을 느끼는

아이들이 너무나 많다. '완벽'해야 한다는 압박감 때문에 극심한 실패감과 절망감을 느끼게 되는 것이다.

문화적 압력의 강도와 확산이 우울증과 자살 증가로 이어졌다는 것은 심상치 않은 문제다. 앞서 얘기한 것처럼, 나도 '미스터 퍼펙트'에 대한 기대를 떨쳐내기 위해 고군분투했기 때문에 이런 압박감을 충분히 이해한다.

다른 사람들이 우리에게 기대하는 바에 부응해야 한다는 압박감은 특히 가족 내에서 매우 강렬할 수 있다. 이들은 대개 우리가 가장 사랑하고 가장 의지하는 이들이다. 따라서 우리를 향한 그들의 기대에서 벗어난다는 게 복잡하고 두려울 수 있지만, 그 기대가 우리에게 맞지 않는다면 꼭 필요한 일이다.

나도 이 복잡한 과정을 거쳐 왔고 그 과정에서 감정적으로 상처를 받았다. 흑인 기독교인으로 자란 나는 가족, 지역사회, 문화권 전체가 한 사람에게 얼마나 많은 기대를 걸 수 있는지 너무나 잘 알고 있다.

나는 할리우드에서 경력을 쌓고 싶었기 때문에 로스앤젤레스에 있는 학교에 다녀야 했다. 그곳에서는 인턴십에 참여하거나 연예계에 발을 들여놓는 데 도움이 될 취업 기회를 충분히 얻을 수 있을 것이다. 그리고 만약 헌츠빌에 있는 학교에 가야 한다는 압박감에 굴복한다면, 내게 주어진 소명을 다할 수 있는 삶을 놓치게 될지도 모른다는 것도 알고 있었다.

가족의 의견대로 가족, 친인척들이 다녔던 오크우드대학 진학도 좋지만, 본인의 의견과 감정을 더 중시해야 하지 않을까? 가족을 만족시키기 위해 자기가 살아야 할 삶을 포기하는 이들이 얼마나 많은지 생각하면 눈물이 날 정도다. 이렇게 살지는 말자. 자기 인생을 이런 식으로 맞바꾸고자 하는 유혹을 물리쳐야 한다.

여러분을 위한 멋지고 놀랍고 모험 가득한 삶이 기다리고 있으니, 가장 사랑하는 사람들과 불화가 생기더라도 그런 삶을 살라고 권하고 싶다.

타인의 기대로 인한 무언의 압박으로 선택한 학교가 아니라 내가 선택한 학교에 가기 위해 용기를 모으고 내 목소리에만 귀를 기울였다. '아니, 그 대학은 다른 사람들이 네가 가기를 원하는 곳이야. 네가 가고 싶은 학교가 아니라고. 그건 너답지 않아. 그건 그들의 바람이지 네 바람이 아니잖아.'

내게 맞는 것이 무엇인지 알게 되자, 나 자신을 위해 목소리를 높여야 한다는 것도 알게 되었다. 그래서 그렇게 했고, 결국 내가 선호하는 대학인 서던캘리포니아 대학에 입학하게 되었다. 나는 남들의 기대를 못 이겨 무너지지 않았다. 남들의 의견에 신경을 쓰긴 했지만 내 의견을 더 중시했다. 그렇게 내 길을 갔고, 내 결정에 따르는 결과를 받아들였다. 나는 옳은 선택을 했고, 남들이 내 행복을 희생시키면서 내 삶을 규정하도록 내버려두지 않게 살고 있다.

이건 여러분의 삶이니, 다른 사람이 대신 살게 해서는 안 된다.

가족과의 관계에는 미묘한 부분이 많다. 어떤 사람에게는 정치든, 종교든, 혹은 자녀 양육 방식이든, 자기 가족과 기본적으로 의견이 일치하지 않는 부분이 있다. 그렇다고 해서 그들이 자기 부모나 형제자매를 사랑하거나 존중하지 않는다는 얘기는 아니다. 단지 그들은 자기 내면을 깊숙이 들여다보면서 자신에게 진실하려면 스스로에게 맞는 선택을 해야 한다는 사실을 인정했다는 뜻이다.

인생 상담 코치인 폴라 존스(Paula Jones)도 마침내 부모로부터 독립을 선언했을 때 이런 선택을 했는데,『가족의 기대에서 벗어나라』라는 에세이에서 이 결심에 대해 설명했다. 그녀는 젊을 때 반항적이긴 했지만, 성인이 되어 독립을 선언한 것은 부모에게 대항하기 위한 것이 아니었다. 그건 사실 자신에게 충실하면서 그들과 더 가까워지기 위한 시도였다.

성인이 된 그녀는 자신에게 가족이 얼마나 중요한지 인정했고 그들을 사랑했다. 그녀는 자기 인생 계획을 세우면서 가족과 건전한 관계를 맺길 원했다. 그래서 그들을 원망하기보다는 자신이 진짜 어떤 사람인지를 전달하는 데 힘을 쏟았다.

폴라가 분명히 밝혔듯이, 그녀 부모님의 초기 반응은 긍정적이지 않았다. 하지만 그녀는 자신의 두 가지 진실(가족을 사랑하고 존중하는 만큼 자신도 사랑하고 존중하기에 독립적이고 행복하게 살아갈 권리를 위해 싸운다는)을 굳게 고수했기 때문에, 가족들이 마침내 자신의 진정한 모습을 받아들일 때까지 이 힘든 시기를 견뎌낼 수 있었다.

안타깝게도 어떤 이들에게는 그런 화해가 불가능하다는 걸 알고 있다. 여러분이 가족과의 상호작용을 아무리 세심하게 계획하고 그 노력에 아무리 많은 사랑을 쏟아도, 그들은 여러분의 진정한 자아나 생활방식을 받아들이지 못할 것이다. 이런 상황에 처한 이들에게 내 진심을 전한다. 그러나 나는 어떤 대가를 치르더라도 독립에는 그만한 가치가 있다고 생각하며, 앞으로도 그 생각에는 변함이 없을 것이다. 타인의 기대에서 벗어나 내 삶을 찾는 것과 마찬가지다.

'가족 구성원 간의 유대감'은 복잡할 수 있지만, 여러분의 의지가 가족의 뜻과 충돌할 때, 여러분은 정말 진실한 모습으로 사는 기쁨보다 가족의 기쁨을 우선시할 생각인가? 만약 지금까지 계속 이런 식으로 반복해 왔다면, 여러분이 지금 매우 불행한 이유도 그 때문일 것이다. 하지만 지금부터는 다른 선택, 더 나은 선택을 할 수 있다.

기대하지 마라

어디에서 왔든 상관없이 마음 가는 대로 하라

세상을 바라보는 시각이 다른 세대 사이에 존재 가능한 섬세하면서도 실행 가능한 균형을 보여주는 또 다른 예는 이민자 부모와 자녀 사이의 관계다. 종종 이 아이들은 부모가 예전 조국의 문화와 관련해서 거는 기대와 본인들에게 더 자연스럽게 느껴지는 새로운 조국의 현대적인 가치관을 둘 다 충족시켜야 한다.

내 친구 나이지리아계 코미디언 이본느 오르지(Yvonne Orji)의 경우, 이러한 문제들이 그녀의 삶과 코미디 모두에서 뚜렷이 표면화되었다. 그녀는 2020년 6월 HBO의 〈인시큐어〉 프로그램에서 처음으로 코미디 스페셜을 선보이게 되었을 때, 프로그램 제목을 〈엄마, 내가 해냈어!(Momma, I Made It!)〉라고 지었다. 그리고 〈뉴욕 타임스〉와의 인터뷰에서, "나이지리아인이라면 모름지기 먼저 학위를 몇 개쯤 취득하기 전에는 부모님에게 코미디를 하고 싶다고 말할 수 없다"고 말했다. "그게 규칙이다. 석사 학위를 취득하고 난 뒤, 의대에 가기 싫다는 건 알았지만 하고 싶은 게 뭔지는 몰랐다. 내가 코미디를 하게 된 건 내 의지였고, 내가 그렇게 한거다'라고 말했다."

이본느는 내가 정한 직업에 열정을 쏟을 수 있는 용기와 확신을 품고 있긴 하지만, 여전히 부모님을 행복하게 해주고 싶다고 고백한다. 자기가 생각하는 행복뿐만 아니라 부모님의 문화적 기대에 맞는 행복을 말이다. "이민자의 자녀로 자라다 보면 공동체에 집중하게 된다. 절대로 집을 잊을 수 업속, 가족을 자랑스럽게 하기 위해 끝없이 노력해야 한다. 그리고 지금도 어느 정도 성공하긴 했지만, 여전히 부모님에게 집을 사드리거나 멋진 차를 몰고 마을에 나타나고 싶은 마음이 있다."

미국 사회가 점점 더 인종의 용광로가 되어감에 따라, 우리는 다양한 유형의 동화(同化)가 더욱 다양하게 표현되는 모습을 보게 되었다. 코미디언 아지즈 안사리(Aziz Ansari)가 자신의 무슬림 부모를 실망시킨 경험을 바탕으로 제작한 넷플릭스 코미디 시리즈 〈마스터 오브 제로(Master of None)〉를 예로 들어보자. 인도 토박이인 그의 부모는 이 프로그램에 직접 출연도 한다. 그는 이모와 삼촌이 집에 방문한 동안 자신들의 체면을 유지하기 위해 아들이 여전히 이슬람교도인 척 해주기를 바라는 부모님에 대한 줄거리에 한 회 에피소드 전체를 할애하기도 했다. 저녁 식사 때 무슬림들이 금기시하는 돼지고기를 주문해서 부모의 가식에 찬물을 끼얹은 뒤 서로 대립하던 자리에서, 그는 두 세대간의 차이점과 왜 자기가 남들 앞에서 연기를 했는지 설명한다.

데브 역의 아지즈는 "그래요, 나도 알아요. 부모님들에게 종교는 문화적 가치가 있죠. 하지만 저는 그렇지 않아요. 사람들은 그 종교 때문에 날 테러리스트라고 부르면서 공항 보안 검색대에서 끌어내거든요."

아지즈는 자기가 이 문제를 해결하려고 애쓰고 있다는 사실을 인정한다. 2017년에 NPR의 테리 그로스(Terry Gross)와 인터뷰를 하면서, 그는 이 문제에 대해 이렇게 말했다. "나도 답이 뭔지 모르겠다. 내가 살면서 느끼거나 그 에피소드를 제작하면서 생각해낸 답은, 자신의 가치관을 존중하는 것과 그걸 누군가에게 강요하면서 그들의 감정을 상하게 하는 것은 완전히 다른 문제라는 것이다."

아지즈는 자신과 부모가 어떻게 더 완벽한 상호 수용을 향해 나아갔는지 보여주는 순간을, 서로 기대하는 모습을 이 프로그램에 담았다. 부모는 아들이 자기들과는 다르게 종교적인 관습을 지키지 않는다는 것을 인정하고, 아들은 부모 앞에서 그들의 믿음을 무시하지 않기로 합의했다.

대가를 치러야 한다

내 아내 메건의 동료가 인스타그램에 이런 심오한 글을 올린 적이 있다.

내가 얻은 가장 큰 교훈 중 하나는, 사람들에게 그들이 요구하지 않은 기대를 걸지 말라는 것이다. 지금까지 그런 기대 때문에 사람들에게 실망하면서 많은 시간을 보낸 게 사실이다. 그러던 어느 날 깨달았다. 잘못은 내게 있다는 것을. 나는 사람들이 요구하지도 않고, 그들 내면에 없기 때문에 성취할 수도 없는 것에 기대를 걸곤 했다. 그리고 그런 사실을 알면서도 여전히 그렇게 했다. 하지만 다른 이들의 슬픔을 덜어주기 위해서는 당신도 그런 행동을 그만하길 간청한다. 사람들은 변하지 않는다. 그 순수하고 단순한 진실을 받아들여야 한다.

이 말은 사실처럼 들린다. 지금까지 기대감에 관해 연구하면서 배운 것은, 진정한 자신이 아닌 다른 사람 행세를 하면서 스스로를 실망시키는 것보다는 다른 사람을 실망시키는 게 낫다는 것이다. 이건 아마 여러분이 항상 배워왔던 내용과 반대될지도 모르지만, 매우 중요한 규칙이다.

우리는 의식하든 못하든, 다들 내면에 분노가 숨어 있다. 이 분노는 우리의 잠재의식 속에 감정적, 영적으로 모두 기록된다. 분노는 항상 가동되고 있는데, 특히 내키지 않는 일(다른 누군가는 우리가 그 일을 하길 바라더라도)을 할 때는 분노가 계속해서 쌓인다. 이러다 보면 분노만 쌓이는 게 아니라 불안과 압박감, 불편함까지 쌓인다. 감정제어가 되지 않아 폭발하기 전까지는 그런 부정적인 감정이 얼마나 쌓였는지 알지 못할 수도 있다. 그때가 되면 격분해서 자기가 했다고는 믿을 수 없는 일을 하고, 자기 입에서 나왔다고 믿을 수 없는 말을 하게 된다.

아무리 사랑하는 사람을 위해서라도 자신의 진정한 바람과 욕구를 억압하다 보면 대개 건전하지 않은 방식으로 행동하게 된다. 가족 내에서 벌어지는 불량한 행동(끊임없는 다툼, 공동의존,

질투 등)의 원인을 살펴보면, 그런 행동을 하는 사람이 느낀 무언의 분노로 거슬러 올라갈 수 있다.

그들은 무의식적으로 뭔가를 기대했는데 얻지 못했고, 그래서 지금 화가 나 있다. 아니면 내키지 않는 어떤 일을 해야 한다는 압박감 때문에 화가 난 것일지도 모른다. 여러분도 그런 경험이 있는가?

본래의 기대에 대해 솔직하게 대화를 나누고 그 기대를 충족시키는 것이 가능한지를 현실적으로 판단하는 법을 배우는 것이 한동안 개인적인 불만과 억압을 느끼다가 결국 폭발적인 행동을 하는 것보다 훨씬 쉽고 덜 파괴적이다. 그렇기 때문에 기대치를 정하는 것이 매우 중요하다. 주변 상황 때문에 감정이 한도까지 차오르다가 해로운 방식으로 만기가 도래하는 일이 없도록 해야 한다.

예를 하나 들어보자. 여러분 어머니가 교회 가는 걸 좋아한다고 가정해 보자. 그리고 어머니는 여러분이 같이 가길 원한다. 하지만 여러분은 어머니가 다니는 교회를 좋아하지 않는다. 휴식을 취하면서 여유를 즐길 수 있는 시간에 비좁은 신도석에서 몸을 구기고 앉아 있는 것은, 길고 스트레스가 심한 한 주를 보내고 난 뒤에 가장 하고 싶지 않은 일이다. 하지만 어머니는 여러분이 함께 교회에 갈 거라고 생각한다. 그리고 주말이 다가오면 당연히 같이 갈 것처럼 행동한다. 어머니는 절대 포기하지 않고 매번 같이 가겠느냐고 물어보기 때문에 화가 치미는데, 이렇게 여러분의 분노가 점점 격해지고 있다는 사실을 어머니는 알아차리지 못한다.

그리고 지금 여러분은 분개하고 있다. 왜일까? 그건 교회 때문이 아니다. 어머니가 같이 가기를 기대하는 바람에, 마치 여러분은 자기 인생에 대한 발언권이 없는 듯한 기분을 느끼게 되어서 화가 나는 것이다. 어머니가 본인의 열망을 바탕으로, 여러분에게 바라는 일을 전부 해줄 것이라고 기대하는 게 싫다.

하지만 여러분은 어머니와 함께 시간을 보내는 것을 아주 좋아하고, 가능하면 어머니를 행복하게 해주고 싶다. 그래서 정말 내키지 않지만, 착하게 굴려고 애쓰면서 교회에 같이 간다. 하지만 교회가 끝난 뒤 어머니와 함께 외식을 하러 갔다가 사소한 일로 다투게 된다. 브런치는 엉망이 되고, 이제 어머니는 화가 났다. 지금까지 계속 쌓여온 분노를 어머니에게 전혀 말하지 않는 바람에 무의식중에 식사를 망친 것이다. 이런 순간들이 계속 늘어나면 여러분과 어머니 사이의 단절이 커질 것이다.

이 사례에서 어머니가 교회에 가자는 얘기를 꺼내자마자 분노를 자아낸 건 여러분의 책임이다. 이때는 이렇게 말할 수 있다. "엄마, 전 엄마를 사랑해요. 하지만 교회에는 못 가겠어요. 거기에서 기쁨을 찾을 수가 없거든요. 엄마가 원한다는 이유로 같이 갈 수는 없어요. 정말 비참하고 화가 날 테니까요."

기대하지 마라

이런 대화에 대처하는 가장 좋은 방법은 여러분에게 달려 있다. 하지만 나는 미리 의논되지 않은 일에는 찬성하지 않을 것이다. 어떤 기대든 미리 의논을 해야 하고, 그 기대에 부응할 것인지 아닌지 명확하게 밝혀야 한다.

항상 그렇듯이 해결의 열쇠는 소통이다. 상대방의 감정이 상하는 걸 통제할 수는 없지만, 최대한 친절하고 존중하는 태도를 보일 수는 있다. 여러분의 독립심은 상대방의 마음을 상하게 하기 위한 것이 아니라, 여러분 본인의 자유를 위한 것이다. 이는 스스로 삶의 기준으로 삼기로 마음먹은 모든 문화적 기대치를 정하겠다는 결정의 경우에도 마찬가지다.

✔ 기대 체크리스트

1. 꼭 충족시켜야 한다는 압박감을 느끼는 문화적 기대 5가지는 무엇인가? 5가지를 나열했으면, 이번에는 그걸 가장 중요한 것부터 덜 중요한 것까지 중요도나 가중치 순으로 정리해 보자.

2. 문화적 압박감이 가장 큰 부분은 어디인가? 가족, 친구, 인종 또는 민족 공동체, 종교, 직장 동료? 여러분에게 기대하는 것에서 벗어나는 행동을 했을 때, 어떤 일이 벌어질까 봐 두려운가?

3. 소셜 미디어에서 자신이 진정한 모습을 드러내는 것을 얼마나 편하다고 느끼는가? 만약 거기서 본연의 모습을 보일 수 없다면, 자신을 자유롭게 표현할 수 있는 다른 배출구로는 어떤 게 있는가?

4. 부모님이 가지고 있는 문화적, 영적 믿음 가운데 여러분의 현재 삶과 어울리지 않는 것처럼 보이는 건 무엇인가? 여러분은 부모님을 위해 이런 믿음을 존경하고 존중할 생각인가, 아니면 자기만의 길을 갈 생각인가?

7장

믿음: 진정한 육감

운명은 위안을 찾는 이들을 위한 것이 아니다. 운명은 때때로 불편함을 감내하면서 만족을 얻는 순간을 지연시키고, 운명이 이끄는 쪽으로 향하려고 하는 대담하고 결단력 있는 이들을 위한 것이다.

T. D. 제이크스(T. D. Jakes) 주교

난 보호받았고, 나아갈 길을 얻었고, 잘못을 시정했다. 내 삶 속에는 신이 존재하고, 신은 나를 겸손하게 했다. 내가 항상 그와 함께 한 것은 아니지만, 그는 항상 나와 함께 했다.

덴젤 워싱턴(Denzel Washington) 영화배우

할리우드에서 제작한 블록버스터 영화 〈식스센스(The Sixth Sense)〉에 나오는 다음의 유명한 장면에서, 콜 시어(Cole Sear) 라는 어린 소년이 유명한 아동 심리학자 말콤 크로우(Malcolm Crowe) 박사에게 자기는 다른 사람들이 볼 수 없는 것, 즉 죽은 사람들을 볼 수 있다고 밝힌다.

콜 시어: 지금 내 비밀을 얘기하고 싶어요.
말콤 크로우 박사: 좋아.
콜 시어: 난 죽은 사람들을 볼 수 있어요. [……] 그들은 자기 가 죽은 줄 몰라요.
말콤 크로우 박사: 얼마나 자주 보이니?
콜 시어: 항상요. 그들은 어디에나 다 있어요.

콜이 성공할 수 있었던 열쇠는 보이지 않는 것을 보는 능력을 사용하는 방법을 배운 것이다. 그렇다면 이게 믿음과 무슨 관계 가 있을까? 나는 믿음의 정의를 좋아한다.

'존재의 기본적인 요인은 신에 대한 이런 신뢰, 이런 믿음이 삶을 가치 있게 만드는 모든 것의 굳건한 기초라는 것이다. 이것 이 우리가 볼 수 없는 것을 이해하는 방법이다.'

우리가 볼 수 없는 것에 우리의 힘이 존재한다. 나는 이게 사 실이라는 걸 몸소 경험했다.

믿음은 효과가 있다.

나는 내 삶의 모든 영역에서 믿음의 변혁적인 힘을 직접 목격했다. 그와 동시에, 이 글을 읽는 독자들 중 일부는 나와 같은 기독교인이 아닐 수도 있다는 사실을 잘 안다. 나는 그걸 이해하고 존중하며, 믿음이 여러분 자신과 여러분의 목적, 그리고 삶과 더 깊게 연결되기 위한 길이 될 수 있다는 걸 알려주려고 하는 것이다.

믿음의 자리에 오르자

태어날 때부터 절름발이었고 한 번도 제대로 걷지 못했기 때문에 아마 자기가 똑바로 서서 걸을 수 있으리라고는 전혀 예상하지 못했을 불구자가 있다.

그는 걸을 수가 없기 때문에 일도 할 수 없었고, 그래서 항상 자기가 처한 상황에 따라 생계를 꾸려나갔다. 사람들의 동정심에 호소해서, 자기가 살아갈 수 있도록 돈을 나눠달라고도 부탁했다. 그래서 이 날도 과거의 여느 날과 마찬가지로 그가 항상 기대하던 것, 즉 그럭저럭 살아가는 데 도움이 되는 동전 몇 푼을 받을 수 있기를 기대했다.

앞서도 말했듯이, 기대치를 정하는 것은 자유롭게 살기 위한 필수 조건이다. 특히 간절히 원해서 기도도 했지만 기대에 부응하지 못하는 것처럼 느껴질 때는 매우 낙담할 수 있다.

위대한 철학자 아리스토텔레스는 "자연은 진공을 혐오한다" 고 말했다. 이 말은 빈 곳이 있으면 자연이 곧 채워준다는 것이 다. 우리의 생각에도 같은 원리가 적용된다. 왜 간절한 바람이 확신이 서지 않을 때, 이런 이해 부족이 공허함을 만든다. 그리고 보통 그 공백을 부정적인 생각으로 채운다. '그 일은 절대 일어나지 않을 거야. 나는 절대 해내지 못할 거야. 왜 나는 자꾸 희망을 품다가 계속 실망만 하는 걸까?' 이런 내면의 목소리가 시간이 지나면서 점차 우리의 기대치를 낮추어 결국 최소한의 기대만 하게 만든다. 그러니 최소한의 것을 예상하면 결국 최소한의 것만 받게 되는 것이다.

아직 일어나지 않은 일 때문에 네 인생에서 일어날 수 있는 일에 대한 기대치를 낮추지 말라.

여러분이 바라는 일이 아직 일어나지 않았다고 해서 앞으로도 일어나지 않을 것이라는 얘기는 아니다. 어제의 믿음이 오늘의 현실을 만들어냈고, 오늘의 믿음이 내일의 현실을 만든다면 어떨까? 여러분의 믿음을 명백하게 드러낼 수 있는 비결이 하나 있다.

기대하는 일이 일어나기 전부터, 그 일이 반드시 일어날 것처럼 살아라.

이렇게 하기 시작하면, 여러분 인생의 많은 일들이 논리적인 이해를 거스르는 방식으로 변하는 모습을 보게 될 것이다. 내가 할 수 있는 일, 그 일을 하는 속도에 대한 믿음을 바꾸기 시작하면 모든 것이 강력하게 드러나는 모습을 보게 된다.

여러분을 위한 행복이 다가오고 있다.

낙담하거나 의심으로 가득찰 만한 이유가 있더라도, 믿음의 자리에 올라 그 자리에 계속 머물러야 한다.

믿음의 자리는 곧 긍정적인 마음가짐이다.

이건 이렇게 표현할 수 있다.

모든 일이 내게 유리한 방향으로 풀리고 있다.

나쁜 일은 전혀 일어나지 않고, 좋은 일만 전부 나를 위해 생기고 있다.

어떤 일이 있어도 계속 긍정적인 자세로 임할 것이다.

나를 위해 모든 일이 함께 잘 되어가고 있다.

어제는 그 일이 일어나지 않았지만, 오늘은 일어날지도 모른다.

지금의 내 모습과 내가 가고 있는 방향에 신이 난다.

행복이 다가오는 게 느껴진다.

오늘은 모든 것이 내게 유리하게 돌아가는 날이다.

믿음의 자리에 머무르는 연습을 하다 보면 행복이 찾아올 것이다. 아름다운 성전 문 앞에서 구걸하던 불구자를 생각해 보라. 만약 그가 너무 낙담해서 거기에 앉아 있지도 못했다면? 전날 구걸해서 모은 돈 액수가 적은 데 실망해서 그날 집에 있었다면 어떻게 됐을까? 어쩌면 그는 구걸하는 것도 질리고, 다른 사람들의 평가에도 질리고, 지지리 운 없는 자기 인생에도 진절머리가 났을지 모른다. 그래서 모든 걸 포기하고 그날 집에 있었을지도 모른다. 만약 그랬다면 자기 인생을 영원히 바꿔줄 그 행복이 자신에게 오는 것을 놓쳤을 것이다.

낙심했을 때에도 믿음의 자리에 머문다면 간구하던 행복이 여러분에게 찾아올 것이다. 기대치를 제대로 정하고 비현실적인 기대를 포기할 때도 항상 이런 기분을 느끼는 건 아니라는 걸 안다. 아마 '그런다고 내가 사는 방식에 무슨 차이가 생기겠는가? 내가 기도한다고 뭐가 달라져? 계속 노력하면 뭐가 달라지냐고? 이런 것들이 어떤 차이를 만든다는 거야 대체? 이 일을 아주 오랫동안 해왔지만 지금까지 달라진 게 아무것도 없으니까 이런 효과도 없는 일은 그만해야겠다'라고 말하고 싶은 유혹이 들 것이다.

여러분은 비현실적인 기대를 모두 내려놨다고 생각할지도 모르지만 여전히 하나의 큰 기대, 비현실적인 기대를 아직도 붙잡고 있다. 이런 사고방식 때문에 더 이상 자신을 믿지 못하게 되는 경우를 너무 많이 봤다. 믿음은 쌍방향이다. 마음이 내키지 않을 때도 참여해야지, 그렇지 않으면 결과를 볼 수 없다.

참여 없는 기대는 사람을 황폐하게 만든다.

노력이 여러분의 삶에 영향을 미칠 것이라고 믿고 싶다면, 이루고자 하는 모든 일에서 자신의 역할을 다하는 책임을 져야 한다.

참여해야 목적지까지 갈 수 있다

내 인생에서 뭔가가 잘못되거나 원하는 대로 되지 않을 때, 나는 남을 탓하지 않는다. 탓해야 할 사람은 나니까. 그래서 하던 일을 멈추고 지금까지의 과정을 살펴보면서 스스로에게 묻는다.

내가 뭘 안 한 거지? 어디에서 그걸 놓친 거지? 내가 믿음을 발휘하지 않은 곳이 어디지? 어느 부분을 의심한 거지?

믿음이 있는 사람들도 이 부분에서 자주 자신을 실망시키곤 한다.

하지만 반대로, 실망을 하더라도 아예 시작을 하지 않으면 절대 성과를 얻지 못한다. 믿음의 효과도 '내가 해야 할 역할'을 다해야 기대도 할 수 있다고 본다. 결과가 일어나지 않을지도 모르지만, 언젠가는 반드시 일어날 거라고 믿는다.

예를 들어, 내 이름을 건 TV 프로그램을 갖는 것은 오래 전부터 품었던 간절한 꿈이었다. 그 매체를 통해 긍정성과 자기 계발의 메시지를 전파해 더 많은 사람을 돕고 싶었기 때문이다. 2012년에 오프라의 〈슈퍼 소울 선데이(Super Soul Sunday)〉를 통해 TV에 처음 출연하게 되었다. 그 이듬해쯤에 TV 출연 기회를 마련하는 것이 내게 왜 중요한지 명확히 깨달았다. 그곳에서는 내 진짜 모습을 보일 수 있다. 내게 중요한 일을 말할 수 있다. 엔터테인먼트, 영감, 동기 부여 등 내 모든 열정을 하나로 모을 수 있다. 그 일이 정말 즐겁고, 내가 그 일을 하면 사람들이 반응을 보여준다.

그래서 그때 당시에 "TV에 출연하고 싶다"는 희망 사항을 확실하게 알렸다.

오프라의 프로그램에 출연하는 등 시작이 강렬했기 때문에, 이건 꽤 현실적인 목표처럼 보였다. 그 이후 〈투데이 쇼(Today Show)〉부터 〈굿모닝 아메리카(Good Morning America)〉까지 유명한 TV 프로그램에 많이 출연했지만, 나만의 프로그램을 만들 기회는 아직 나타나지 않았다. 하지만 이렇게 일이 지연된다고 해서 삶에 의문을 품은 적은 없다. 우리는 항상 결과를 통제하고 싶어 하는 것처럼 보이지만, 과정이 곧 결과라는 걸 기억하자. 과정에 전념하면서 계속 자리를 지키자.

나는 바라던 기회가 오지 않을 때에도 자리를 지킨다. 매일 얼굴을 비추고, 일하는 과정에 전념하면서, 내가 바라는 일을 위해 준비한다. 텔레비전 방송국이 나를 성공할 만한 진행자로 생각하는지 아닌지 여부는 내가 통제할 수가 없다. 하지만 내가 자신을 성공할 만한 진행자라고 생각하는 건 통제할 수 있고, 이 새로운 역할을 위해 준비하는 능력도 통제할 수 있다.

나는 끊임없이 나 자신을 위해 노력하는 삶을 살겠다고 의식적으로 선택했다. 그래서 꾸준히 자기 계발을 한다. 꾸준히 책을 읽는다. 내게 조언을 해주고 새로운 관점을 줄 수 있는 멘토를 꾸준히 찾으려고 애쓴다.

낙심하거나 피곤하거나 걱정되는 날, 심지어 마음에 의심이 들거나 나태한 날에도 우리는 믿음의 자리를 지켜야 한다. 여러분이 받고자 하는 행복에 대해 다음과 같이 자문해 보자.

- 과거에 느낀 실망 때문에 믿음을 저버리게 된 적이 있는가?
- 내 삶에서의 입지를 다지기 위해 반드시 해야 한다는 건 알지만, 낙담한 탓에 하지 않았던 3가지 일이 있다면 무엇인가?
- 어떻게 하면 나 자신을 치유하고 내 믿음과 삶에 다시 적극적으로 참여할 수 있을까?

자동 조종 장치에 인생을 맡기지 말자

여러분은 루틴에 완전히 의존하는 삶을 살아가면서 최소한의 기대만 품은 채 이런저런 행동을 하는 것에 죄책감을 느낄 수도 있다. 자동 조종 장치에 몸을 맡긴 채 영원히 돌아가는 햄스터의 쳇바퀴 같은 삶에서 벗어나지 않는 사람들이 너무나도 많다. 아무 생각 없이 매일 똑같은 경험을 하며 사는 것이다.

우리가 틀에 박힌 상태에 처해도 결국 문제를 일으켜서 일상을 무너뜨리게 된다. 그렇지 않으면 우리는 절대로 루틴에서 벗어나지 못할지도 모른다. 집세를 어떻게 내야 하지? 다들 해고

당하는데 내가 살아남을 수 있을까? 어떻게 해야 우울증을 극복할 수 있을까? 내가 이 이별을 견뎌낼 수 있을까? 등 일상생활에서 가끔 문제가 생기지 않는다면 영원히 깨어나지 못할 수도 있다.

무엇이든 루틴은 파괴된다. 하지만 오해하지 말기 바란다. 나는 훌륭한 계획과 확실한 과정, 그리고 그걸 계속 고수하는 걸 매우 중요시하는 사람이다. 하지만 과정에 너무 몰두한 나머지 아무 생각 없이 자동 조종 모드로 살고 싶지는 않을 것이다. 여러분도 자주 가는 익숙한 곳에 차를 몰고 갈 때면 목적지에 도착했을 때 어떻게 그곳까지 갔는지 기억이 안 나는 상황을 분명히 겪어봤을 것이다. 이것도 그와 비슷하다. 의식이 잠시 자리를 비우고 잠재의식이 그 자리를 차지한 것이다. 그렇게 몇 년씩이나 자기가 뭘 하는지 의식하지 않은 채로 살아가는 모습을 상상할 수 있는가? 해야만 하는 일이라고 생각해서 이런저런 일을 하긴 하지만, 사실상 제대로 산다고 할 수 없는 모습을?

좋은 소식은 여러분은 이미 삶을 가로막고 있던 기대에서 벗어나야 한다는 것을 깨달았다는 것이다. 그리고 구축하고 노력해 온 다른 모든 것들처럼 의도한 대로 펼쳐질 것이다. 특히 지금 이 메시지를 받고 자기 앞에 있는 것, 즉 곧 여러분에게 내려질 행복을 진지하게 바라보기 시작한다면 더욱 그렇다.

✅ 기대 체크리스트

1. 충족시켜야 한다는 압박감을 느끼는 영감이나 정신 가운데 가장 중요한 것 5가지는 무엇인가? 그다음 5가지를 가장 중요한 것부터 덜 중요한 것까지 중요도나 가중치 순으로 정리해 보자.

2. 한때 실망감을 느끼기는 했지만, 나중에 더 큰 결과물을 보고 열심히 산 삶에 대한 깨달음이 있는가?

3. 여러분이 기대하거나 바라는 것 중에 나에게 온전히 맡길 수 있는 게 있는가? 이 과정에서 내 역할은 무엇인가? 이를 실현하기 위해서는 어떤 노력이 필요한가?

8장
희망을 되찾자

부정적인 것들과 같이 일하면……
더 좋은 그림을 만들 수 있다는 걸 배웠어.

드레이크(Drake) 가수

희망을 계속 살려두자.

제시 잭슨(Jesse Jackson) 목사

지금까지 기대가 우리를 미치게 하고, 스트레스를 주고, 우리 자신에 대한 기대나 타인에 대한 기대, 그리고 다른 사람이 우리에게 기대하는 것에 부응하기 위해 너무 많은 압박을 가한다는 얘기를 했다. 또 어릴 때부터 그런 식으로 자랐기 때문에 시험 성적에서 A를 받거나, 4~5킬로그램을 감량하거나, 소셜 미디어에 올린 사진에 일정 수 이상의 좋아요를 받아야만 행복해질 거라고 믿게 되었다는 얘기도 했다. 이건 이 교활한 사고방식이 어떻게 작동하는지 보여주는 피상적인 예에 불과하다. 그래서 내가 이 책을 쓰게 된 것이다. 나는 모든 사람이 기대치를 제대로 설정하는 법을 배워서 자기 삶을 완전히 변화시키고 자유롭게 살도록 도와줘야 할 깊은 필요성을 느꼈다.

여기서 잠깐만 쉬어가도록 하자. 지금은 가족과 문화권, 동료가 안겨준 부담을 직시하고, 자신에게 항상 솔직했던 건 아니었다는 사실을 인정하면서 정말 개인적인 심판을 내려야 할 때다. 내가 보여준 것처럼, 우리 모두 이 부분에서 해야 할 일이 있다. 하지만 이 일은 언제 시작해도 늦지 않으며, 작은 발걸음도 큰 보상으로 이어질 수 있다. 그리고 항상 긍정적인 태도로 이 작업을 해야 한다는 걸 잊지 말자.

여러분도 나와 비슷하다면, 인생에서 힘겨운 도전을 견뎌왔다는 걸 안다. 결과가 보이지 않을 때는 아마 계속 희망을 품을 이유를 찾는 것도 어려웠을 것이다. 여러분의 고통이 느껴진다.

하지만 항상 희망을 가져야 할 이유가 있다는 말을 믿어주길 바란다. 여러분의 인생이 희망에 달려있다.

세심하게 설정한 기대치가 꼭 필요한 것도 이런 이유 때문이다. 기대는 우리의 희망 판막 같은 역할을 한다. 심장에 대해 다시 생각해 보자. 4개의 심장 판막(삼첨판, 폐동맥판, 승모판, 대동맥판) 중 하나가 제대로 열리지 않으면 생명을 위협하는 문제가 발생할 수 있다. 심장 판막처럼 우리의 희망이 꺼지면 그 결과 엄청난 정서적, 영적, 육체적 문제가 발생하게 된다.

간단히 말해, 살아남기 위해서는 희망이 필요하다. 우리는 희망으로 움직인다. 우리는 희망을 위해 태어났다. 희망이 없다면 아침에 침대에서 일어나지도 못할 것이다. '그런 경험이 있는가?' 우리는 누구나 비임상적인 우울증을 겪어본 적이 있다. 그래서 그날 하루 동기를 부여해줄 일이 잘 풀릴 것이라는 희망이 충분하지 않으면 어떤 기분이 드는지 다들 잘 안다.

그래서 나는 다음과 같은 질문을 받을 때마다 항상 똑같이 대답한다. 기대 때문에 생기는 문제를 생각하면, 차라리 기대를 전부 버리고 누군가 혹은 무언가의 기대 없이 사는 게 더 수월하지 않을까?

아니, 그렇지 않다. 왜냐고? 우리가 기대를 완전히 버리고 살 수 없는 한 가지 이유는 바로 희망 때문이다. 희망을 관리하는 법을 배워야만 우리의 삶을 충만하게 만드는 그 엄청난 힘이 발휘된다.

건강한 희망은 이런 모습이다. 희망은 동기를 부여해주고, 항상 낙관적인 태도를 유지하게 해주며, 심한 스트레스를 받거나 상황에 압도되지 않게 해준다. 그래서 이 작업이 매우 중요한 것이다. 적절한 기대치를 정하고 낙관적인 태도를 유지하면, 기대 때문에 문제가 생겼을 때도 생산적인 방향으로 나아갈 수 있다.

『베러 댄 노멀(Better than Normal)』이라는 책을 쓴 정신과 의사 데일 아처(Dale Archer) 박사는 허리케인 카트리나와 허리케인 리타의 생존자들과 함께 일하면서 희망의 힘을 명확하게 깨달았다. 그는 〈사이콜로지 투데이〉에 기고한 글에서, 많은 걸 잃고도 희망만은 잃지 않은 사람들은 수동적이고 비관적으로 변한 이들보다 훨씬 뛰어난 회복력을 발휘했다고 설명했다. "희망은 상황이 나아질 것이라는 믿음이다. 그냥 상황이 나아지기를 바라기만 하는 게 아니라, 어떻게든 상황이 나아질 것이라는 실제적인 믿음이자 지식이다."

물론 허리케인 카트리나나 코로나19처럼 예상치 못하게 벌어진 안 좋은 사건은 우리의 희망을 앗아갈 수도 있기 때문에 극복하기가 힘들다. 삶의 벽이 무너진 것처럼 느껴지면 희망을 찾기 어렵겠지만, 스스로 몸을 추스르고 일어나 먼지를 털어내고 다시 믿을 수 있는 뭔가를 찾아야 한다. 가장 암울한 시기를 헤쳐 나가기 위해서는 희망이 필요하다.

실망의 참상

한 걸음 더 깊이 들어가 보자.

희망이 느껴지는가?

'그렇다'고 대답했다면, 좋다! 다음 섹션으로 넘어가도 된다. 하지만 '아니다'라고 대답했다면 계속 읽어보자. 희망을 느끼지 못하는 사람은 아마 제대로 설정되지 않은 기대치 때문에 여전히 실망감을 안고 있고, 그 실망감이 여러분의 행복을 공격적으로 덮쳤을 것이다.

인생이든 직장이든 사랑이든 돈이든, 실망보다 더 빠르게 희망을 훔쳐가는 것도 없다. 과거에 겪은 실망의 고통 때문에 앞으로 나아가지 못할 수도 있다. 그런 고통이 지속되는 근원을 찾아내고 이를 해결하기 위해 노력하는 게 중요하다. 그래야 오래된 짐에서 벗어나 마음에 부담이 없는 깨끗한 상태로 새롭고 건전한 기대치를 정할 수 있다.

상처받은 감정을 해결하려면 내적 또는 외적 해결책이 필요한지 파악해야 한다. 예를 들어, 원하는 직장을 얻지 못해서 화가 났다고 가정해 보자. 그 감정을 해결하는 유일한 방법은 내적으로 받아들이고 마음의 평화를 찾는 것이다. 하지만 어떤 친구가 여러분을 실망시켰다고 가정해 보자. 이때는 외부적인 해결책이 필요할 수 있다. 그 친구에게 여러분의 솔직한 마음을 얘기하는 것이다.

내 경험상, 대부분의 실망은 내적인 해결이 필요하다. 그리고 애초에 실망감을 느끼는 이유 중 하나는 우리의 기대가 충족되지 않았기 때문이다. 이 글을 읽으면서 정말 자기 마음에 솔직해진다면 기회와 관계, 우정을 잃은 것에 슬퍼하고 있다는 걸 인정해야 한다. 슬픔에 집중함으로써 자신을 치유할 수 있다. 억지로 기운을 내려고 애쓰는 건 그만두자. 그건 효과가 없을 것이다. 그 일을 겪은 뒤로 얼마가 지났든, 그 상실로 인해 큰 충격을 받았고 지금도 상처가 잊혀지지 않는다는 걸 인정하자.

실망으로 인해 빚어지는 참상은 그 형태와 크기가 다양하다.

- 누군가가 나를 두고 바람을 피운 적이 있다. 지금은 좋은 사람을 만나고 있지만, 그를 믿을 수가 없다.
- 사랑하는 사람과 결혼할 거라고 생각했는데 상대가 나와 결혼하고 싶어 하지 않는다.
- 나이가 꽤 들었고 이쯤에는 결혼을 하리라 기대하고 있는데, 아직 결혼하지 못했다.
- 사랑하는 가족들에게 무시당했다.
- 회사에서 승진할 거라고 기대했는데 갑자기 해고당했다.

우리는 살면서 셀 수 없이 많은 고통스러운 시나리오에 직면한다. 여러분의 고통은 가족이나 연인을 비롯한 다른 모든 이들의 고통과 다르게 느껴질 것이다. 하지만 여러분의 고통을 풀어줄 열쇠라고 생각되는 방법이 하나 있다. 오늘 자신을 치유하면할수록 내일 미래의 여러분이 더 많이 감사할 것이다.

누구나 기대가 실망으로 끝나는 바람에 남은 상처가 있다. 우리가 할 일은 그런 실망 중 하나에 대한 기억만 꺼내서 어제 벌어진 일처럼 느껴보는 것이다. 치유를 향해 한 걸음 내딛고 싶다면, 자신에게 물어보자.

- 내가 겪어본 가장 고통스러운 상처는 무엇인가? 왜 그게 그렇게 끔찍했는가?
- 내게 상처를 입힌 사람을 용서하려면 어떻게 해야 할까?
- 나를 실망시킨 사람이나 상황에 대한 기대를 버리면 지금 까지와는 다른 시각을 얻어서 치유가 가능해질까?

지금 당장 자유롭게 사는 건 전적으로 여러분의 능력에 달렸다. 하지만 그러기 위해서는 먼저 오래된 상처부터 치유해야 한다. 그래야 앞으로 나아가면서 더 큰 희망을 안고 현재를 포용할수 있다. 그러면 앞서 얘기한 것처럼, 다른 사람이나 상황과 관련해 현실적으로 기대할 수 있는 것과 없는 것이 뭔지도 잘 평가할 수 있다.

이 과정이 쉽지 않다는 건 알지만, 여러분의 미래의 질이 여기에 달려 있다. 여러분이 날 찾아와서, "난 이걸 극복할 수 없다"고 말했다고 가정해 보자. 그러면 난 이렇게 말할 것이다. "이걸 극복하지 않는다는 건 불가능하다!" 어쩌면 충족되지 않은 기대로 인한 고통이 과거에 겪은 더 깊은 트라우마를 유발하고 있을지도 모른다. 만약 그렇다면, 더 먼 과거로 거슬러 올라가서 그 원체험과 맞서야 할 수도 있다. 이를 위해서는 지원이 필요하다. 상담 치료사나 카운슬러, 인생 코치, 혹은 비슷한 일을 겪은 적이 있어서 여러분의 치유에 많은 도움이 될 수 있는 친구의 지원을 받을 수 있다면 큰 이점이 생긴다. 뭐가 됐든 이용 가능한 해결책이 있다면 지금 당장 찾아보자. 더 이상 고통이 지속되지 않도록 해야 한다.

여러분의 고통을 묶어두는 더 깊은 트라우마가 없다면, "왜 못하는가?"가 아니라 "왜 하지 않는가?"라고 묻고 싶다. 어떤 일을 할 수 있는 능력이 있는데도 하지 않는다면, 그건 과거의 고통을 이겨내고 현재의 삶에 다시 참여하기보다 그 고통 속에 남아 있기로 선택한 것이다.

왜 자꾸 과거에 얽매이는 것인가? 자신에게 물어보자.

- 앞으로 하게 될 알 수 없는 경험이 두려운가?

- 알 수 없는 치유의 느낌보다 더 익숙한 느낌이라서 상처에 매달리고 있는 걸까?
- 이런 사고방식이나 감정은 내게 더 이상 필요 없는 나쁜 습관일까?

기대치를 정하기 위해 하는 모든 자기 노력의 경우와 마찬가지로, 이 질문에도 오답 같은 건 없다. 중요한 건 자신에게 정말 솔직해지는 것이다. 어쩌면 스스로를 꾸짖으면서 이렇게 말해야 할 수도 있다. '미래에 대한 희망과 원하는 삶을 살고자 하는 열망이 과거에 겪은 고통에 대한 집착보다 큰가?'

당연히 "그렇다"라는 대답이 나오길 바란다.

고통을 놓아버리면 자유로워질 뿐만 아니라, 지금 여러분이 처한 상황과 주변 사람들의 진짜 모습을 있는 그대로 바라볼 수 있다. 그래서 희망을 위한 여지를 더 많이 만들려면 기대와 관련된 불만을 해소하는 게 매우 중요하고 꼭 필요하다.

희망을 가져야 한다

이 메시지가 지금 여러분 마음에 와 닿는다면, 스스로에게 물어보자.

- 무엇이 내 희망을 앗아가도록 허락하고 있는가?
- 지금 희망을 키우는 데 도움이 되는 건 무엇일까?

자기가 통제할 수 있는 삶의 측면을 완전히 장악하면 희망이 더 커진다. 나는 '희망'이라는 말을 기대와 동일시한다. 기대는 낙관이다. 원하는 일이 생기면 좋겠지만 그렇지 않아도 괜찮다고 생각하는 것이다.

희망은 훈련이나 집중력, 결단력, 끈기만큼이나 행복과 성공의 중요한 요소다. 나도 희망을 잃어버리자 금세 제 기능을 할 수 없게 되었기 때문에 오래지 않아 다른 방법을 찾아야 한다는 걸 깨달았다. 자신감을 회복하고 커리어의 중심을 잡던 무렵에는 이 모든 것이 어떻게 돌아가는지 알아내는 게 내 개인적인 과제가 되었다. 그래서 종종 그랬듯이, 앞으로 나아가는 데 있어 가장 유용하고 좋은 길을 찾기 위해 일련의 질문을 던지기 시작했는데, 여러분도 이런 질문을 던져보기 바란다.

- 희망이 가득한가? 희망을 얼마나 품고 있는가?
- 내가 바라는 것은 무엇인가?
- 지금 내 인생에서 희망을 안겨주는 것은 무엇인가?

지금도 나는 이 질문을 계속 되풀이한다. 이는 내가 끊임없이 평가하고, 우선순위를 정하고, 필요할 경우 물러설 수 있게 도와준다.

희망은 우리가 매일 마주치는 일상적인 어려움을 극복하는 데도 필요하고, 2020년 코로나19 팬데믹 기간에 수많은 사람이 겪은 것처럼 삶이 힘들어지거나 완전히 파괴될 때에도 매우 중요하다. 하지만 희망이 만병통치약은 아니다. 희망을 우리가 정한 시간에 반드시 일어나야 하는 특정한 결과와 연결시키는 데 집착하면 오히려 해로울 수 있다.

치명적인 척추 부상 때문에 사지가 거의 마비된 환자들이 입원한 병동에서 자원봉사자로 일한 린지 클라크(Linzi Clark)는 『힘든 시간을 이겨내는 법: 병원에서 자원봉사를 하면서 얻은 5가지 교훈』이라는 희망에 관한 단순하면서도 유익한 에세이를 썼다. 그녀가 이 환자들과 함께 시간을 보내면서 알게 된 것처럼, 특히 고통스럽고 힘든 물리치료와 재활 훈련을 받을 때는 앞으로 자기 상태가 나아지리라는 희망을 갖는 게 중요했다.

그러나 환자들이 비현실적인 목표를 세울 경우, 희망이 흔들리다가 결국 낙담하게 되는 모습도 보았다. 이런 관찰을 통해, 그녀는 사지마비보다 훨씬 덜 힘든 문제에 직면한 사람을 비롯해 우리 모두에게 적절한 조언을 해줄 수 있게 되었다. "인내심을 가져라. 척추 부상의 가장 좌절스러운 점 중 하나는 회복 기간이 얼마나 걸릴지 모른다는 것이다. …… 기대가 이루어지기

기대하지 마라

까지 걸리는 시간을 미리 정해두지 않으면, 그 과정에서 다양한 배움을 얻고 때가 되면 목적지에 도착하리라는 것을 알면서 더 평화롭게 현재를 살아갈 수 있다.”

클라크가 지적한 것처럼, 현재에 머물면서 거기에서 인정을 받는 게 더 나은 접근 방법이다. 우리가 통제할 수 있는 건 현재에 대한 우리의 대응 방식뿐이기 때문이다. 물론 스스로 목표와 기대를 정하고 이를 위해 노력해야 하지만, 필요할 경우 미래의 꿈과 목표가 저절로 펼쳐지는 것도 허용해야 한다. 검증을 위해 특정한 날짜까지 발생해야 한다고 지시할 수는 없다.

희망은 매우 강력한 힘을 발휘하지만, 거기에 시간 프레임을 덧씌울 경우 상당히 취약해질 수도 있다는 걸 명심해야 한다. 의욕이 강한 사람에게는 이것이 문제가 될 수도 있다. 희망을 품는 게 힘들었는지 알아보기 위해 자신에게 몇 가지 질문을 던져보자.

- 내 조급함이 희망을 망치는가?
- 내가 집착하는 타임라인은 무엇이고 왜 그런가?
- 다시 희망을 느낄 수 있는 과정을 조정할 방법이 있을까?

정보 처방

희망을 키우는 간단하지만 심오한 방법은 자신에게 불안을 야기하는 주제에 대한 정보를 찾아보는 것이다. 정보를 많이 알면 알수록 더 낙관적인 전망을 갖게 되거나 자신에게 필요한 현실을 확인할 수 있다. 육아 입문서인『첫 임신 출산에 관한 모든 것(What to Expect When You're Expecting)』이 좋은 예다. 이 책은 정말 유명해서, 구글에서 'expectations(기대)'라고 검색했을 때 가장 먼저 뜨는 검색 결과 중 하나다. 이 책의 문화적인 영향력을 보여주는 수치는 놀랍다. 임신 관련 서적을 읽은 예비 엄마들의 93퍼센트가 이 책을 읽었고, 베스트셀러 목록에 꾸준히 오르며, 현재 1,850만 부 이상 인쇄됐다. 〈USA 투데이(USA Today)〉가 지난 25년 동안 가장 영향력 있는 책 25권 중 하나로 선정한 건 말할 것도 없다.

하지만 1984년에 이 책이 처음 출간된 이후로 바뀐 의료 트렌드와 문화 규범 때문에 책 내용이 반발을 사게 되었는데, 2005년에 〈뉴욕 타임스〉에서는 '난관 예상: 그들이 미워하고 싶어 하는 책'이라는 기사를 통해 이 문제를 살펴봤다.

경쟁 도서를 출판하는 리틀, 브라운 앤 컴퍼니의 편집장인 트레이시 베하(Tracy Behar)는 두 차례의 임신 기간 동안 이 책이 "무섭고 한심할 정도로 시대에 뒤떨어진 책"이라는 걸 깨닫고 싫어졌다고 말했다. 하지만 둘째 아이가 유전적인 문제로 생후 2주 만에 세상을 떠난 뒤, 그녀는 경고 신호에 더 주의를 기울이면서 마음의 준비를 했더라면 좋았을 거라고 생각하면서『첫 임신 출산에 관한 모든 것』을 다시 펼쳤다.

책의 장점에 관한 상반된 의견도 이렇게 중대한 삶의 변화를 겪는 여성들이 앞으로 다가올 일을 탐색하는 데 도움이 될 가이드북이 필요하다는 사실을 바꾸지는 못한다. 또 최근에 등장한 다른 정보 소스를 선택할 수도 있지만, 『첫 임신 출산에 관한 모든 것』은 여전히 많은 이들에게 귀중한 자료로 남아 있다.

일이나 돈, 건강, 미래가 불안하다면, 적어도 그 불안의 일부는 정보 부족에서 비롯된다. 최근 들어 '가짜 뉴스'라는 말이 무척 많이 들리고 특히 인터넷에서는 신뢰할 수 없는 편향된 정보가 유통되고 있지만, 여전히 이용 가능한 좋은 정보 소스도 있다. 혼자서 책이나 잡지, 온라인 출판물을 찾아볼 때는 더 넓은 시야를 얻기 위해 다양한 출처의 정보를 읽으려고 노력해야 한다. 비록 서로 상반된 의견을 제시하더라도 말이다.

우리가 하는 걱정은 대부분 알려진 문제에 대한 알 수 없는 결과 때문에 생긴다. 불안은 우리의 희망을 잠식하지만 정보가 해독제가 되어준다. 여러분 인생의 어떤 부분이 걱정된다면 자신에게 물어보자. 원인이 뭔가?

예를 들어, '학자금 대출을 못 갚을까 봐 걱정된다'고 가정해 보자. 그러면 이제 그 불안감을 부추기는 미지의 문제가 뭔지 알아내야 한다. '지금의 내 위치를 생각하면 어떻게 갚을 수 있을지 모르겠다.' 여기서 알 수 없는 부분은 '어떻게 갚아야 하는가?'이다. 자신감과 희망이 가득한 마음가짐을 얻기 위해, 다른 사람들이 학자금 대출을 관리하기 위해 취한 실용적인 조치와 관련된 정보를 아주 많이 찾아보자. 그리고 그걸 바탕으로 여러분이 앞으로 나아가기 위해서는 뭘 해야 하는지 알아내면 된다.

아는 정보가 늘어나면 가장 힘겨운 시련 앞에서도 계속 전진할 수 있는 크나큰 자신감을 얻게 된다. 자기가 상황을 잘 통제할 수 있다고 느끼게 되고, 그 느낌을 통해 더 낙관적인 전망과 희망을 품고 기대하게 된다. 자신에게 물어보자.

- 어떤 좋은 정보 출처가 내 불안을 희망으로 바꾸는 데 도움을 줄 수 있을까?
- 다음에 닥칠 일에 대비해서 어떻게 더 많은 희망을 키울 수 있을까?

용감하게 희망을 품자

더 많은 희망을 쌓을 수 있는 또 하나의 방법은 이미 가지고 있는 낙관적인 시각을 공유하는 것이다. 이상적으로 원하는 만큼 많이 갖고 있지 않더라도 말이다. 신경학자이자 작가인 올리버 색스(Oliver Sacks)는 자기가 말기 암 진단을 받은 걸 알면서도 불굴의 의지를 보여주는 감동적인 에세이 『기계가 멈춘다

(The Machine Stops)』에 미래에 대한 심오한 생각을 담았다. 그는 〈뉴요커(The New Yorker)〉에 실린 이 에세이에서 기술이 사람들을 현실 세계나 다른 사람과 단절시키는 다양한 방법에 대해 우려를 표명한 뒤, 다음과 같은 주목할 만한 말로 끝을 맺었다. "하지만 이런 모든 상황에도 불구하고, 나는 인간의 삶과 문화의 풍요로움이 이 황폐해진 지구에서 끝까지 살아남기를 감히 희망한다. …… 세상을 떠날 날이 임박한 이 상황에서도 나는 인류와 지구가 살아남을 것이고, 생명이 계속될 것이며, 이것이 우리의 마지막 시간이 아님을 믿어야 한다."

자기 자신에 대한 기대를 버리고 그걸 그가 떠난 후에도 계속 남아 있을 세상에 대한 믿음으로 대체하는 이 품위 있는 모습에는 너무나도 심오한 뭔가가 있다. 이것이 바로 어떤 역경 앞에서도 희망을 품고 그 희망을 나누는 힘이다. 이건 다른 모든 걸 제거해도 남아 있는 가능성의 힘이다. 어떻게 해야 말기 암 진단이라는 대가를 치르지 않고도 이런 힘을 조금이나마 얻을 수 있을까? 계속 희망을 잃지 않으면서 그걸 최대한 많은 이들과 공유해야 한다.

크고 작은 무한한 방법으로 그렇게 할 수 있다. 어려움을 겪고 있는 친구나 가족의 상태를 확인하고 우리가 인내심을 발휘했던 경험을 통해 그들을 격려할 수 있다. 소셜 미디어 게시물부터 자원 봉사에 이르기까지 다양한 방법으로 증언을 공유할 수 있다. 좋은 소식은 희망이 기하급수적으로 커지고, 그걸 나눌 방법이 무한하다는 것이다. 우리가 자기 삶에서 희망을 많이 기를수록, 다른 사람들이 각자의 삶에서 희망을 기르도록 잘 도와줄 수 있다.

✅ 기대 체크리스트

1. 자기 삶에서 희망을 잃었다고 느끼는 부분이 있는가?
   - 가능한 답을 5가지 적은 다음에, 가능성이 높은 순서대로 배열한다. 두려움에 잠식당하지 말고 솔직하고 현실적으로 답해야 한다.
   - 최악의 시나리오가 발생한다고 하더라도 그게 실제로 얼마나 심각할까? 그걸 피하기 위해 여러분이 할 수 있는 일이 있는가?

2. 여러분 인생에서 일어나는 일 가운데 불안감을 느끼게 하는 일이 있는가? 발생 가능한 결과를 더 마음 편히 받아들일 수 있도록 준비하기 위해 배우거나 할 수 있는 일이 있는가?

3. 최근 또는 과거에 일어났던 부정적인 일이 또 벌어질지도 모른다는 예상 때문에 앞으로 나아가는 걸 방해받고 있는가?

4. 여러분 삶에서 불안이 희망을 압도하도록 내버려둔 부분이 있는가? 아무리 좋은 결과가 생긴다고 하더라도, 그런 일이 일어나지 않아도 괜찮은 쪽으로 다시 관점을 옮길 수 있는가?

5. 여러분 자신뿐만 아니라 자녀나 다음 세대에게 거는 중요한 희망이 하나 있다면 무엇인가? 이 희망이 이루어질 가능성에 보탬이 되기 위해 여러분이 할 수 있는 일은 무엇인가?

3부

관계에 대한 기대

LIVE FREE

9장

중요한 건 그들이 아니라
당신이다

나는 대인관계에서 감정기복이 매우 심했다.
하지만 그건 내 문제지, 다른 누구의 문제도 아니었다.
내가 나를 이해하는 것과 관련된 일이었다.

제니퍼 로페즈(Jennifer Lopez) 영화배우

———————

사람들과의 관계에서 겪는 문제들 중 대부분은
스스로와의 관계에서 겪고 있는 문제를 거울처럼 보여주고 있다.

앤드류 매튜스(Andrew Mattnews) 작가

2019년 8월, 텍사스주 휴스턴의 교회에서 열린 〈스파크 결혼 컨퍼런스〉에서 강연을 했는데, 이는 미국에서 열리는 관계에 관한 행사 가운데 가장 규모가 큰 편에 속한다. 나는 그 자리에 참석한 수천 쌍의 부부가 결혼 생활의 마법을 되찾을 수 있도록 돕기 위해 간 것이다. 그들의 결혼 생활이 왜 제대로 기능하지 않는지 진실을 밝히고, 내 결혼 생활 중 가장 힘들었던 시기에 얻은 교훈을 들려줘야 한다는 걸 알고 있었기에 잔뜩 긴장할 수밖에 없었다.

그들은 자신의 결혼이 난관에 처했다는 사실을 인정할 용기가 있는 사람들이고, 해결책 또는 결혼을 구할 돌파구를 찾기 위해 이곳에 온 것이다. 나는 용감하게 그 자리에 와서 투명하게 살고자 노력하는 그 방의 모든 부부에게 정말 깊은 존경심을 느꼈다.

투명성이 변화로 이어진다.

이들 부부가 추구하는 변화를 이루려면 그 어느 때보다 취약한 모습을 보여야 한다. 그래서 그 후 40분 동안 그들에게 솔직해지라고 격려하면서, 그 보답으로 그들의 관계를 바로잡는 걸 돕는 동안 나도 솔직하게 행동하겠다고 약속했다. 그리고 먼저, 문제는 그들의 배우자가 아니라 그들 자신에게 있다는 얘기부터 시작했다.

배우자와의 사이에 문제가 있다면, 그건 배우자 때문이 아니다. 바로 당신이 문제다.

옷핀 떨어지는 소리까지 들릴 정도로 장내가 조용해졌다. 그 침묵은 내가 그들의 관심을 끌었다는 걸 알려줬다. 나는 계속해서 그들 결혼 생활의 모든 문제는 하나의 단어로 귀결된다고 말했다. 바로 '기대'다. 파트너에 대한 기대가 그들의 결혼을 망치고 있었다. 배우자가 요리를 하지 않거나 쓰레기를 내다버리지 않거나 원하는 만큼 성관계를 맺지 않는 게 문제가 아니었다. 문제는 배우자가 어떤 모습이어야 하고 어떻게 행동해야 하는가에 대한 기대, 사실상 배우자에게 제대로 얘기한 적조차 없는 이런 기대가 문제였다.

나는 그런 기대가 너무 강하면 훌륭한 배우자를 형편없는 배우자로 바꿀 수 있다고 설명했다. 어떻게 그럴 수 있느냐고? 기대는 우리의 관점을 바꾸고, 현실을 왜곡하며, 인식을 비트는 힘을 가지고 있기 때문이다. 이건 사소한 영향처럼 보일지도 모르지만, 사실 우리 삶의 모든 영역에 가장 큰 피해를 준다. 이것이 우리가 품은 수많은 불만의 근원이기 때문이다.

예를 들어, 여러분의 아내가 여러분을 진심으로 사랑한다고 가정해 보자. 하지만 그녀에 대한 여러분의 기대 때문에 그 사랑이 완전히 가려질 수도 있다. 어쩌면 여러분은 함께 식사할 때 아내가 계속 휴대폰을 들여다보지 말았으면 좋겠다는 기대를 가지고 있어서, 그녀에게 여러 차례 그러지 말라고 부탁했을지도 모른다. 그런데도 아내가 계속 휴대폰을 식탁에 올려놓고 있으면 아내에 대한 기대가 충족되지 않아서, 이런 행동이 아내의 사랑이 부족하다는 걸 나타내는 것으로 오해할 수도 있다.

'날 정말 사랑한다면 같이 식사할 때 휴대폰을 치웠을 거야, 그게 얼마나 날 짜증나게 하는지 잘 아니까' 라고 생각할 수도 있다. 지금 아내는 다른 99가지 방법으로 여러분에 대한 사랑을 보여주고 있을지도 모르지만, 이 한 부분에서 여러분을 실망시켰기 때문에 좌절하고 마음이 상하는 것이다. 이 시점에서, 그녀의 행동과 그 의미에 대해 잘못된 결론을 끌어내려는 위험한 유혹이 들 수도 있다. 왜냐하면 그녀는 여러분의 기대에 부응하지 못했기 때문이다. 또 여러분이 자기가 기대하는 바를 전달했다고는 해도, 식사 시간에 휴대폰을 사용하지 않겠다는 아내의 동의를 얻어서 그런 기대치를 정한 것도 아니다. 그런데도 여러분은 마치 상호 동의 하에 기대치를 정한 것처럼 아내에게 책임을 묻고 있다.

다음은 모든 관계에서 기대치를 정하는 데 있어 중요한 세 가지 단계다.

- 여러분이 기대하는 것을 상대방에게 말한다.
- 그 사람에게 여러분의 기대에 부응할 수 있는지 물어본다.
- 그들이 여러분의 기대에 부응하겠다고 동의하기 전까지는 그들에게 책임을 물어서는 안 된다.

모든 걸 끝내려고 하는가?

우리가 배우자를 아무리 사랑하더라도 당사자가 아니라는 것이다. 우리는 배우자에게 자유를 줘야 한다. 때로는 그들이 여행을 하고 있고, 우리가 그 옆에서 할 수 있는 일은 그들이 여행을 하는 동안 손을 잡아주는 것뿐이라는 사실을 인정하고 존중해야 한다. 우리는 그들을 이끌 수 없다. 그 과정을 서두를 수도 없다. 그들 스스로 여정을 헤쳐 나가야 한다.

나는 그 자리에 참석한 이들에게 진정 겸손하고 정직한 태도로 스스로를 바라보라고 부탁했다. 내가 예전에 내 인생과 결혼 생활을 바라봤던 것처럼. 그리고 무대에 서서 수천 쌍의 부부를 향해 직설적으로 대담한 질문을 던졌다.

"이혼을 논의할 정도로 결혼 생활에 중대한 어려움을 겪고 있는 분들이 여기 있나요? 있다면 지금 자리에서 일어서 주세요."

침묵이 흘렀다. 16,000명을 수용할 수 있는 거대한 공간에 흐르는 침묵은 섬뜩할 정도였다. 그러다가 장내 곳곳에서 커플들이 일어났다. 이렇게 공개된 자리에서 자신의 마음과 연약함, 진실을 드러내는 모습을 본 것은 내가 경험한 가장 강력한 순간 중 하나였다. 나는 그들과 함께 얘기하고, 그들의 결혼이 잘못된 관계가 아니라는 것을 선언하면서, 결혼을 망치고 있는 기대를 버리라고 부탁했다.

그날 모임이 끝나자 많은 커플이 나를 찾아와서 말하기를, 불안정한 기대의 무거운 짐을 벗어던지자 그 즉시 결혼에 대한 스트레스가 사라지는 것을 느꼈고 덕분에 계속 함께 하기로 결심했다고 말했다. 그리고 자신들의 관점에 강력하고 치유적인 반전이 생겼다는 얘기도 했다.

자기가 결국 이혼하게 될 거라고 생각하면서 결혼하는 사람은 아무도 없다. 처음부터 이혼하고 싶어 하는 사람도 없다. 그곳은 정말 잔혹한 곳이다. 하지만 매년 수백만 쌍의 커플이 거기에서 최후를 맞는다. 이것은 불안정한 기대가 얼마나 위험한지 보여주는 지표다.

스파크 결혼 컨퍼런스에서 일어난 일이 여러분 마음에 와 닿는다면, 다음과 같이 자문해 보자.

- 처음 관계를 맺게 되었을 때 배우자에게 기대했던 3가지는 무엇인가?
- 헌신적인 배우자는 이런 일을 해야 한다는 생각을 어디서 얻었을까?
- 배우자에게 내 기대에 동의하고 그에 부응할 수 있다고 생각하는지 물어본 적이 있는가?

배우자와의 관계에 문제가 있거나 충족되지 않은 기대로 인한 괴로운 이별의 상처를 치유하려고 한다면, 이런 질문에 답할 시간을 갖는 것이 중요하다.

완벽한 관계에 대한 근거 없는 믿음

지금은 진실의 시간이다. 기대 때문에 가장 심각한 곤경에 빠지는 분야가 있다면, 바로 관계에 대한 기대다. 사랑이 복잡하다는 사실은 누구나 알고 있고, 다들 그걸 증명할 수 있는 사랑싸움의 흉터를 안고 있다.

관계에 문제가 있다면, 그건 기대로 인해 발생한 문제다.

『감성지능 2.0(Emotional Intelligence 2.0)』의 저자인 트래비스 브래드베리(Travis Bradberry) 박사는 링크드인에 기고한 글에 이렇게 썼다. "여러분의 기대가 여러분의 현실을 만든다. 기대는 여러분의 인생을 감정적, 물리적으로 변화시킬 수 있다. 잘못된 기대는 삶을 쓸데없이 힘들게 만들기 때문에 각별히 조심하고 의식할 필요가 있다."

다른 사람, 특히 사랑하는 사람이 관련되면 여러분의 왜곡된 현실이 더 심하게 왜곡될 수 있다. 인생의 다른 영역에서와 마찬가지로, 관계를 통해 무엇을 원하고 필요로 하는지, 그리고 그 대가로 무엇을 줄 의향이 있는지에 대해 기대치를 정해야 한다. 그렇게 하려면 먼저 의식하지도 못한 채로 성인기까지 끌고 온 어린 시절의 환상 일부를 없애야 한다.

어릴 때 양육된 방식과 결혼 생활에 대한 노출, 그리고 지금까지 겪었던 관계 이력에 따라 다르기는 하지만, 우리는 관계는 어떠해야 한다는 특정한 전통적 이상을 품은 채로 누군가와 관계를 맺거나 심지어 결혼에 이르게 될 수도 있다. 남자는 이렇게 해야 하고 여자는 저렇게 해야 한다. 그러다가 이 이상이 무언의 기대가 된다. 연인이나 배우자에게 책임을 어떻게 나누고 싶은지 물어보지도 않은 채, 여러분의 기대를 상대방이 확실히 아는 것처럼 행동한다. 그렇지 않은데도. 그리고 상대가 기대에 '부응'하지 않으면 그들에게 문제가 있다고 생각한다.

가장 심각한 경우에는 무언의 기대로 자리 잡은 이상 때문에 관계가 파괴된다. 그들이 기대를 소리 내어 말했다면 결과가 얼마나 달랐을지 생각해 보자. 어쩌면 합의점을 찾을 수 있었을지도 모른다. 물론 찾지 못할 수도 있다. 하지만 그렇기 때문에 우리는 기대에 대해 얘기하는 법을 배워야 한다.

문제는 자신의 이상을 지나치게 믿은 탓에 상대가 기대한 대로 하지 않으면 자동으로 나쁜 사람이라는 판단을 내린다는 것이다.

정말인가? 상대가 여러분 명령에 순종하지 않아서 마음에 들지 않는다고? 아니, 스파크 컨퍼런스에 참석한 용감한 이들에게도 말했지만, 문제는 배우자에게 있는 게 아니라 여러분에게 있다.

정신 건강 웹사이트인 사이키센트럴(PsychCentral)에 기고한 '완벽한 결혼의 신화'라는 글에서 지적한 것처럼, 우리는 TV 또는 영화에서 보거나 로맨스 소설에서 읽은 내용을 바탕으로 관계에 대한 생각을 구체화하는 경우가 많다. 심지어 현실을 잘 알 만한 나이가 된 뒤에도 사실과 허구를 구별하려 하지 않는다. 애리조나 주립대학교의 사회학 교수인 메리 레이너(Mary Laner)는 대부분의 사람들은 애초에 자기 기대가 비현실적이었다는 사실을 인정하기보다는 자기를 실망시킨 배우자를 비난하는 쪽을 선택한다고 말한다. "배우자는 우리의 모든 욕구를 충족시킬 수 있고, 우리가 무슨 생각을 하는지 알아차리며, 우리가 전혀 사랑스럽지 않을 때도 우리를 사랑할 수 있다고 생각한다. 그리고 상황이 이렇게 전개되지 않으면 배우자를 비난하면서 아마 다른 배우자를 만났더라면 더 좋았을 거라고 생각한다."

스파크에서는 왜 이 깨달음이 컨퍼런스에 참석한 많은 사람들에게 그렇게 빨리 영향을 미쳤을까? 그때까지 그들이 시도한 다른 방법은 하나도 효과가 없었던 것 같은데 말이다. 대부분의 사람들은 자기가 짊어지고 있는 관계의 짐에 대한 인식이 부족하다. 그들은 자기가 원하거나 기대하는 게 표준이라고 생각한다. 앞서 개인적인 기대와 관련해서도 얘기한 것처럼, 우리는 자신의 관점을 현실이라고 여기는 경우가 많지만 사실은 그렇지 않다.

그날 밤, 스파크에 모인 커플들이 자기 관점의 한계를 깨닫도록 도와줌으로써, 그들이 즉시 생각을 바꾸고 자기 사고방식의 오류를 알아차리게 할 수 있었다. 그리고 그들은 갑자기 완전히 새롭고 훨씬 긍정적인 시각으로 자기 배우자를 바라보게 되었다.

많은 사람들이 이런 문제 가운데 어느 것도 검토하지 않은 채로 수십 년간 결혼 생활을 하고 있다. 그 결과는 보통 마찰과 좌절이며 때로는 훨씬 심각한 결과가 생기기도 한다. 나는 스파크에서 여러분에게 전한 것과 똑같은 좋은 소식을 부부들에게 전했다. 이 문제를 해결할 간단한 방법이 있다는 것이다. 여러분의 불안정한 기대를 소중한 이에게 전달하고 상대방이 반응을 보이면 기대치를 정할 수 있는지 알아보자. 두 사람이 모두 기대 조건에 동의한다면 기대치를 정할 수 있다. 하지만 두 사람이 도저히 타협을 볼 수 없는 기대라면 완전히 포기해야 한다.

결혼을 했는데 너무 지겨워서 이혼만이 해결책이라고 생각하는 경우, 레이너 교수의 연구 결과 두 번째 결혼의 이혼율이 첫 번째 결혼의 이혼율보다 훨씬 높다는 걸 알고 있는가?

여러분이 관계에 덧씌운 환상을 걷어내고 대신 두 사람 모두를 지탱할 수 있는 현실적인 관계를 구축해야 한다. 그러려면 먼저 여러분이 숨기고 있을지도 모르는 비현실적인 생각과 직면해야 한다. 자신에게 물어보자.

• 어린 시절을 돌이켜볼 때, 결혼과 관련된 어떤 이미지가 내

게 영향을 주었는가?

- TV, 책, 영화 등을 기반으로, 관계는 어떤 모습이라고 생각했는가?
- 성인이 된 지금, 실제로 내 배우자에게 이런 자질을 요구하는 게 현실적이라고 생각하는가?
- 내가 지금 하고 있는 사랑이 '완벽'해지도록 내 환상을 재조정할 수 있을까?

나를 행복하게 할 수 있는 건 나뿐이다

이 문제는 앞에서 거론한 적이 있는데, 이제 우리의 행복이 어떻게 작용하는지 더 자세히 살펴보도록 하자. 우리는 누구나 매일 매순간 끊임없이 더 큰 행복을 추구한다. 우리가 관계에서 저지를 수 있는 가장 큰 실수 중 하나는 상대방이 내 행복의 원천이 되기를 기대하는 것이다.

자기 행복은 자기가 책임져야 한다.

이 책임을 다른 사람에게 맡긴다면, 여러분이 그들을 얼마나 사랑하든 상관없이 끊임없이 실망하게 될 것이다. 하루 24시간, 일주일 내내 여러분을 행복하게 만들어줄 사람은 세상에 없다. 그건 많은 관계를 짓누르는 비현실적인 기대다. 그러면서 그 관계가 왜 제대로 기능하지 않는지 의아해한다.

지금 당장 자신의 행복을 위한 모든 책임을 스스로 지고, 그 책임을 배우자나 상대에게 전가하는 걸 멈춰야 한다. 이 책임을 스스로 짊어지지 않으면 이상한 일이 일어난다. 자기는 스스로를 행복하게 하는 일을 하지 않으면서, 다른 사람들이 그 일을 해주기를 기대하는 것이다. 왜 스스로 하지 않는 일을 다른 누군가가 대신 해주길 기대하는 것인가?

연애 관계에서는 여러분이 연인의 행복에 절대적인 기여를 할 수 있고, 여러분이 누군가를 사랑한다면 그 사람이 행복하기를 바랄 것이다. 하지만 다른 사람의 행복에 기여하는 것과 그 사람의 행복의 원천이 되는 것은 다르다. "사귀는 사람이 나를 행복하게 해주지 않는다"라는 말은 마치 "사귀는 사람이 내게 돈을 벌어주지 않는다"는 말처럼 이상하게 들린다.

대부분의 사람들은 사귀는 사람이 자기를 위해 돈을 벌어줘야 한다고 기대하지 않는다. 그렇게 연인이 여러분에게 돈을 벌어다줄 거라는 기대는 하지 않으면서, 왜 여러분만이 만들 수 있는 행복을 그들이 만들어줄 거라고 기대하는가?

관계나 결혼은 두 명이 서로가 동등하게 기여할 때 가장 건전하게 유지된다. 연인이나 배우자가 각자 개인적으로 최대한 많이 벌면, 공동으로 기여할 수 있는 부분이 많아진다. 여기서 키워드는 '기여'다. 각자가 자기 돈을 버는 데 책임을 지는 것처럼 자기 행복을 만드는 데도 책임을 지는 모습을 상상할 수 있는가? 그리고 자기가 만든 행복을 관계에 가져온다면? 그들은 전보다 많은 공동 행복을 누리게 될 것이다. 커플들이 이 방법을 실행에 옮기면 하룻밤 사이에 관계가 더 좋아질 것이다.

여러분이 누군가를 사랑한다면 여러분의 최우선 순위는 그들의 행복에 기여하는 것이어야 하고, 상대방도 그 '행복에 기여'하리라고 여기는 건 현실적인 기대라고 생각한다. 하지만 '기여'를 '창조'로 착각하지 않도록 주의하자. 여러분의 행복을 만들 수 있는 건 여러분 자신뿐이고, 이는 소중한 사람의 경우에도 마찬가지다.

섹스에 대해 얘기해 보자

관계에서 서로의 행복에 기여하는 확실한 방법 하나는 성행위를 통해 친밀감을 느끼는 것이다. 나는 운동을 좋아한다. 일하는 것도 좋아한다. 가족과 함께 시간을 보내는 걸 좋아한다. 가끔 아내는 나와 함께 이런 일들을 하고 싶어 한다. 그리고 때로는 자기 친구들과 어울리거나 내가 그녀와 함께 하려 하지 않는 다른 일들을 하곤 한다. 그래도 괜찮다. 난 아내가 없어도 행사나 연설회장에 갈 수 있다. 그녀 없이도 혼자 운동할 수 있다. 아내도 나 없이 자기가 좋아하는 일에 시간을 할애할 수 있다. 이런 기대는 결혼 생활에 도움이 된다. 우리는 자기는 좋아하지만 상대방은 좋아하지 않는 일을 하라고 서로에게 강요하지 않는다. 우리는 각자 이렇게 하고, 그 과정에서 우리의 결혼을 존중할 수 있다. 우리에게 공통의 기반(몇 가지 공통 관심사와 우리 두 사람을 위해 쓰는 어느 정도의 시간)이 있는 한, 우리 관계는 계속해서 잘 작동할 것이다. 사실 우리는 각자의 관심사에 열중하면서 원기를 회복하기 때문에, 함께 있는 시간이 더 좋아지는 건지도 모른다.

그리고 두 사람이 일부일처제 관계를 유지하기로 약속했다면, "나는 당신의 유일한 성적 파트너가 되기 위해 노력하겠다"고 약속한 것과 마찬가지인 것이다. 그 약속을 지키지 않는다면 관계가 힘든 난관에 처하게 된다.

일부일처제 관계에서는 반드시 두 사람이 함께 해야 하는 활동이 한 가지 있으니, 바로 섹스다. 섹스가 계속 이어지는 관계라면 이게 문제가 되지 않는다. 하지만 그렇지 않을 때는 이 문제가 여러분의 관계에 큰 지장을 줄 수 있다.

어떤 이유로도 바람은 정당화될 수 없으나 한 쪽으로 인해 부부관계가 원활하지 않게 되는 상황이라면, 바람피우는 일이 일어났을 때 관련자에 대한 동정심은 느낄 수 있을 것이다.

다시 말하지만, 나는 결혼이나 일부일처제 관계를 포기해야 한다고 주장하는 게 아니다. 내가 말하고 싶은 건 이 진실을 이해해야만 관계에서 성적 기대치를 설정하는 문제에 대해 더 잘 알게 된다는 것이다.

대부분의 사람들이 데이트를 할 때는 원하는 만큼 섹스를 하는 데 아무 장애물도 없다. 하지만 어떤 이유에선지 결혼을 하면 섹스가 문제가 되는 경우가 종종 있다. 얼마나 많은 커플이 날 찾아와서 이 일에 대한 불평을 늘어놓았는지 이루 헤아릴 수 없을 정도다. 왜 이런 일이 일어날까? 연애보다 결혼에 대한 기대가 더 크기 때문이라고 말할 수 있다. 기대의 무게가 얼마나 무거운지 얘기했던 것 기억나는가? 부부가 섹스 문제를 놓고 고민하는 이유 중 하나는 성적 기대감의 무게를 느끼기 때문이다. 파트너의 성적 요구에 부응해야 한다는 압박감이 커지면 성욕이 사라질 수도 있다.

성공적인 결혼 생활을 위해서는 두 사람이 서로가 섹스의 양과 질에 모두 만족해야 한다.

두 사람이 침실에서 서로의 욕구를 어떻게 충족시킬지에 대한 기대치를 정해둬야 행복하고 성취감을 느낄 수 있다. 또 항상 그런 건 아니지만, 성생활은 결혼 생활의 다른 부분에서 어떤 일이 일어나고 있는지를 나타내기도 하므로, 성적인 문제를 '단순한 섹스'로 치부하면 더 심각한 문제를 부정하게 될 수도 있다.

일반적으로 기대가 성생활을 방해할 수도 있다는 사실을 알고 있는 부부는 거의 없다. 종종 침실 밖에서 충족되지 않은 기대 때문에, 침실에서 상대와 함께 있고 싶은 욕구를 방해한다.

충족되지 않은 기대 때문에 무언의 분노가 존재할 수도 있고, 슬그머니 전반적인 단절이 자리 잡았을 수도 있다.

여러분이 관계에서 이런 문제를 겪고 있다면, 당장 여러분과 상대방 사이의 성적 기대치를 정하거나 다시 정하는 걸 추천한다. 이건 결혼과 관련된 침실 안팎에서의 기대치에 대한 전반적인 대화를 나누면서 시작해야 한다. 서로에게 동등한 대화 시간을 보장해줘야 하며, 두 사람 다 자기 의견을 충분히 전달하고 적어도 몇 가지 기대에 대한 합의가 이루어져서 기대치를 확실히 정하기 전까지는 대화를 끝내면 안 된다.

그런 대화를 진행하기 전에 해야 하는 일에 대한 팁이 몇 가지 있다. 이건 여러분이 나눠야 하는 힘든 대화에 전부 적용되지만, 특히 이렇게 민감한 주제의 대화에는 더욱 필요한 팁이다.

먼저 자기가 하고 싶은 말을 적는다.

섹스 문제는 굉장히 민감하고 매우 개인적인 주제다. 여러분의 욕구가 충족되지 않으면 심하게 좌절할 수 있고, 그러면 배우자와 효과적인 의사소통이 어려워진다. 알다시피 불만이나 분노같은 부정적인 감정을 품은 상태에서는 어떤 결정도 내리지 않는 게 좋다. 경솔한 결정을 내릴 수도 있고, 자기가 한 말이나 행동을 후회하게 될 수도 있다. 하고 싶은 말을 미리 다 적어두면 여러분의 성적 기대치에 대해 배우자 또는 연인과 함께 더 성공적이고 건설적인 대화를 나눌 수 있다.

다음은 어떤 내용을 전달해야 하는지 파악하는 데 도움이 되는 질문들이다.

- 나는 현재 성적인 부분에서 만족을 느끼고 있는가?
- 만약 그렇지 않다면, 상대방도 내 기분을 알고 있을까? 우리가 상황을 개선하려고 노력한 적이 있는가?
- 만족도를 높이기 위해 상대방이 할 수 있는 일 한 가지는 무엇인가?
- 침실 밖에서 벌어진 어떤 일 때문에 화가 나서 섹스를 하고 싶지 않은 건가?

최대한 부드럽고 애정 어린 대화 분위기를 조성하고, 서로 마음이 연결된 지점에서 대화를 시작하자. 이때 다음과 같은 생산적인 어조로 대화를 이어가야 한다. "좋아, 이 문제를 어떻게 해결하면 좋을까? 난 당신을 사랑해. 그래서 문제를 해결하고 싶어. 대화를 나누면서 우리 둘 다 동의할 수 있는 기대치를 정해보자고." 그런 다음 배우자가 무슨 말을 하든, 여러분 말에 동의하지 않거나 상처가 되는 말을 하더라도 비판적인 태도를 취하지 않도록 최선을 다하자. 배우자가 자신의 욕구를 파악하는 데 어려움을 겪는다면, 위의 질문에 답하게 해보자.

대화의 세부적인 내용은 커플마다 다르겠지만, 여러분과 파트너가 이 주제를 털어놓고 얘기하면서 귀중한 통찰을 얻는 데 도움이 될 추가 질문이 몇 가지 있다.

- 우리 왜 섹스를 안 하는가?
- 섹스를 좀 더 규칙적으로 하려면 어떻게 해야 할까?
- 어떻게 하면 우리 둘 다 성생활을 더 즐길 수 있을까?
- 우리가 얼마나 자주 섹스를 해야 한다고 생각하는가? 배우자는 우리가 얼마나 자주 섹스를 해야 한다고 생각할까?
- 만약 내가 배우자보다 섹스를 자주 하고 싶어 한다면, 우리는 타협점을 찾을 수 있을까?

질문만 던지는 게 다가 아니다. 앞서 말했듯이, 섹스를 하고 싶지 않은 이유가 침실 밖에서 벌어진 어떤 일과 관련이 있다면 지금 그렇게 말해야 한다. 또 한동안 성생활이 만족스럽지 않다고 느꼈다면, 어떤 부분이 그런지 구체적으로 설명해서 상대가 이해할 수 있게 도와야 한다. "내가 좋아하는 건 이런 것이고, 싫어하는 건 이런 거다."

결혼 생활을 하면서 이 부분에 문제가 있다면, 섹스 테라피스트나 카운슬러를 만나보라고 강력하게 권하고 싶다. 또 로리 J. 왓슨(Laurie J. Watson)이 쓴 『원팅 섹스 어게인(Wanting Sex Again)』이나 윌라드 F. 할리 주니어(Willard F. Harley Jr.) 박사의 『그 남자의 욕구, 그 여자의 갈망(His Needs, Her Needs)』 같은 책을 읽어보는 것도 좋다. 이 책을 함께 읽으면서 어떤 기분이 들고 여러분 내면에 어떤 영감을 주는지 이야기해 보자.

문제를 계속 부정하는 건 더 이상 불가능하다. 두 사람 모두에게 효과가 있는 성적 기대치를 정하는 걸 계속 피할 수는 없다.

섹스를 협상하는 걸 두려워하지 말자.

관계의 다른 측면과 마찬가지로, 모든 사람이 행복해지려면 어느 정도의 타협이 필요하다. 여러분의 파트너는 "나는 매일 섹스를 하고 싶다"고 말할지도 모른다. 여러분이 생각하기에 그건 비현실적인 바람이라서, "매일 할 수는 없다. 서로 알아줄 거라고 기대하지 말자. 난 일주일에 한 번만 하고 싶다"고 말할 수도 있다.

구체적인 내용이 무엇이든 간에, 둘 다 타협점을 찾아야 한다. 그래야 두 사람이 뭘 기대할 수 있는지 알 수 있다. 서로 알아줄 거라고 기대하지 말자. 만약 두 사람이 "좋아, 일주일에 한 번"이라고 동의했는데 그렇게 자주 하지 않는다면 서로에게 책임을 물을 수 있다.

기대치를 정해놓지 않으면 책임을 물을 수가 없다.

성적인 기대치를 정해놔야 어떤 부분이든 개선될 수 있다. 결혼 생활, 행복, 즐거움이 모두 거기에 달려 있다.

'결혼 서약'에 대한 기대

다른 사람이 여러분에게 뭔가를 기대하는 게 싫다면, 결혼하지 않으면 된다. 끝. 그게 다다. 배우자를 배려하지 않고 아무 데나 가서 하고 싶은 대로 하면 된다고 생각하는 사람은 결혼하면 안 된다. 완전히 자유롭게 살고 싶다면 결혼하지 말자. 여러분이 다른 누군가에게 자기 삶을 열어주고 그 사람에게 책임을 지겠다고 결심할 경우, 그 약속에는 책임과 기대가 따르게 된다.

몇 해 동안, T. D. 제익스 주교의 설교를 녹화한 영상을 봤다. 그는 우리가 결혼 서약을 하면서 "맹세합니다"라고 말할 때, 그 맹세의 대상이 뭔지 잘 모른다고 얘기했다. 결혼을 할 때쯤이면 남녀 모두 결혼에 대해 많은 기대를 하게 된다. 하지만 어떤 면에서는 현실이 그들의 기대에 전혀 부응하지 못한다.

결혼 서약을 하는 부부는 말 그대로 결혼 생활에서 서로에게 기대할 수 있는 것("아플 때나 건강할 때나, 가난할 때나 부자일 때나 함께 할 것이다")을 말로 표현한다. 그리고 "맹세합니다"라는 말을 통해 "나는 당신을 책임질 것이다. 당신은 나를 책임져야 한다. 우리는 인생의 길을 함께 걸어갈 것이다"라고 말하는 것이다. 그렇다고 모든 배우자에게 자기만의 목표와 관심사가 없다는 얘기는 아니다. 그러나 두 사람은 평생 동안 결혼에서 기대할 수 있는 것들에 대해 전반적으로 동의한다.

결혼 서약은 기대 계약이다.

여러분이 깨달았든 깨닫지 못했든 상관없이, 여러분은 이미 배우자의 특정한 기대를 충족시키겠다고 맹세했고 배우자는 여러분의 기대를 충족시키겠다고 맹세했다. 그게 바로 결혼이라는 것이다. 하지만 결혼식이 끝나자마자 그 서약을 잊어버리는 경우가 많다. 혼자 혹은 배우자와 함께 그 서약을 다시 살펴보는 것이 결혼 생활에 다시 전념하기 위한 확실한 방법이 될 수 있다. 또 각각의 서약과 그것이 여러분에게 의미하는 바, 그리고 그걸 통해 어떤 기대를 품게 되었는지 논의하는 건 기대에 대해서 얘기하는 좋은 방법이다. 그런 다음에 배우자의 감정을 비교해 보자.

하지만 일은 거기서 끝나지 않는다. 결혼 서약은 보통 결혼에 대한 일반적인 이해만 다룬다. 그건 거시적인 기대치다. 미시적인 기대, 그리고 여러분의 구체적인 기대치도 정해야 한다. 예를 들어, 아내는 남편이 쓰레기를 버리기를 기대하는가? 남편은 아내가 매일 밤 요리를 해주기를 기대하는가? 누가 집에서 아이들을 돌볼 것인가? 누가 학교에서 아이들을 데려오고, 이런저런 활동에 데려다줄 것인가? 이런 구체적인 사항은 가정이 아닌 논의를 통해서 해결해야 한다. 가끔 결혼한 부부를 보면, 자기가 뭘 기대하는지를 상대방이 미리 알아차리고 그에 따라 움직여야 하는 것처럼 행동한다. 어떻게? 텔레파시로?

여러분이 느끼는 분노는 자신의 기대를 설명할 시간을 갖지 않았거나, 배우자가 그 기대에 동의하는지 여부를 알지 못하기 때문일 수 있다. 몇 년 동안 계속 실망만 거듭되면 진저리가 날 수도 있다. 그럴 만도 하다. 하지만 자신의 분노와 상처 속에 고립되어 있으면 배우자와 해결책에서 점점 멀어지기만 할 뿐이다. 모든 커플은 자신들의 기대치를 속속들이 얘기할 필요가 있다. 두 사람이 함께 기대치를 정하면 이혼의 위기에서 벗어날 수 있다는 사실에 놀랄 것이다.

가장 힘든 진실은 여러분의 현재 결혼 생활이 예상하거나 기대했던 것과 정확히 일치하지 않는다는 사실을 인정하는 것이다. 아마 이 책을 읽다가 마음이 무거워졌을 수도 있다. 솔직히 여러분은 부부 관계가 살아날 가능성에 대해 그렇게 희망을 품고 있지 않다. 그 심정 이해한다. 그건 파괴적인 깨달음이다. 잠시 하던 일을 멈추고 크게 심호흡을 해보자. 괜찮다. 여러분은 이겨낼 수 있다. 앞에서 소개한 스파크 컨퍼런스에 참석했던 용감한 이들을 생각해 보자. 그들은 결혼 생활이 너무 악화된 탓에 이혼 생각까지 했다는 사실을 서로에게 인정했다. 그리고 그런 솔직하고 진실한 태도 덕분에 마침내 위기에서 벗어나 치유와 재결합을 시작할 수 있었다. 여러분의 결혼 생활이 이렇게 나빠졌다는 걸 인정하기가 두렵다면, 두려워할 필요 없다. 치유하고 바로잡기 위해서는 결국 지금까지 제대로 작동하지 않았다는 걸 인정해야 한다.

그리고 필요한 일을 하자. 그렇다, 이것도 일이다. 하지만 현실과 의사소통에 기반을 둔 좋은 일이다. 그런 일은 사실 긍정적인 변화와 더 좋은 결혼 생활로 이어질 가능성이 있다.

기대감 때문에 결혼하지 말자

누군가와 진지하게 사귀고 있지만 아직 결혼은 하지 않았는데, 그 관계에 대해 어떤 걱정이나 의심이 든다면 아직 결혼하지 말자. 특히 약혼했다고 해서, 혹은 그 사람과 오래 사귀었다는 이유로, 혹은 부모님이 압박하고 있으니까 결혼해야 한다고 생각해서는 안 된다. 이런 내부 또는 외부의 압력에 굴복하는 건 여러분이 할 수 있는 최악의 일이다.

앞서 말했듯이 결혼은 중요한 약속이고 영원히 지속되어야 한다. 만약 마음에 의심이 든다면, 그 관계에 더 확신이 생길 때까지 결혼 서약을 미뤄서 여러분과 상대방이 받을 큰 고통을 덜어주자.

서약하기로 결심하기 전에 시간을 조금 더 갖는 건 괜찮은 일이다. 그 사람이 여러분의 미래 배우자가 아니라는 걸 인정해도 괜찮다. 물론 고통스러울 것이다. 그리고 여러분 인생에 혼란이 벌어질 것이다. 하지만 자기가 정말 바라서가 아니라 남들이 기대한다는 이유로 억지로 결혼하는 것보다는 그 편이 훨씬 낫다.

결혼을 하면 모든 의구심이 사라지고 마법처럼 관계가 좋아질 거라고 생각하는 이들이 매우 많다. 하지만 지금까지 본 것처럼 실은 그 반대다. 결혼하고 나면 물론 기쁘기도 하겠지만 그때부터 진짜 일이 시작된다.

우정에 대한 기대치를 버리자

물론 결혼은 인생에서 우리가 온갖 파괴적인 생각을 하는 유일한 영역은 아니다. 우리는 직장 동료나 친구, 아이들, 심지어 신을 상대로도 그런 생각을 한다. 어떤 사람이나 상황 때문에 좌절감을 느꼈던 삶의 영역을 평가하면서 스스로에게 물어보자.

- 내 기대가 현실적이고 상대에게 잘 전달되었는가? 기대치가 확실히 정해져 있는가?
- 내 인생의 누군가가 자기가 한 약속을 지키지 않았을 때, 그 문제 때문에 그들과 맞서본 적이 있는가?
- 이 관계를 살릴 수 있을까, 아니면 내 행복을 위해 한 발짝 물러서야 할까?

다른 관계와 마찬가지로, 두 사람이 우정을 나누기 시작할 때도 자기들이 얼마나 많은 시간을 함께 보낼지, 얼마나 친밀한 대화를 나눌지, 필요할 때 서로의 곁에 있어줄 가능성은 얼마나 되는지 등에 대한 기대를 가지고 있다. 그런 모습을 정말 자주 봤다. 그들은 친구가 자기와 정확히 똑같은 양의 시간과 에너지를 우정에 쏟기를 기대한다. 하지만 그건 비현실적인 기대고 분노만 자아낼 뿐이다. 특히 이 모든 일이 여러분 머릿속에서만 일어났고, 친구는 애초에 여러분이 자기에게 뭘 기대했는지도 모른다면 더욱 그렇다.

물론 여러분은 기대를 품을 수 있고, 여러분이 투자한 만큼 친구가 돌려주기를 바랄 수도 있다. 그들이 그렇게 해준다면 좋겠다고 생각할 것이다. 그리고 물론 서로 간에 쌍방향 관계가 이루어지는 건 강력한 우정의 표시다. 하지만 친구는 가족이나 업무 부담이 큰 직업, 나이든 부모 등 다양한 의무가 있는 탓에 여러분이 그들에게 준만큼 돌려주지 못하는 걸지도 모른다. 만약 그렇다면, 이 우정을 유지할 가치가 있는지 여부를 결정하는 건 여러분에게 달려 있다.

당분간은 여러분이나 친구가 상대방보다 적게 줘도 괜찮다고 결정할 수도 있다. 그러면 이용당하는 기분이 들지 않기 때문에 우정이 더 깊어진다. 아니면 삶의 환경이 여러분과 비슷한 다른 친구를 찾아서 인생에서 우정을 위한 공간을 전과 똑같이 유지할 수도 있다.

하지만 무엇을 하든, 다른 사람의 행동을 통제하면서 그 사람이 자기 본연의 모습을 드러내는 걸 막아서는 안 된다. 그건 효과가 없을 테고, 우정을 나누는 어느 쪽에도 건전하지 못하다. 친구가 여러분의 비현실적인 기대를 충족시키지 못한다고 해서 나쁜 친구로 치부하기보다는, 그들의 진짜 모습을 보고 받아들여야 한다. 이를 위해서는 그들과 대화를 나눌 필요도 없다. 그냥 자기 감정을 스스로 인정하기만 하면 된다. '난 실망했어. 우리가 대화를 더 자주 나눌 수 있다면 좋겠지만, 그래도 그를 친구라고 부를 수 있어서 기뻐.' 이렇게 보다 현실적인 관점에서 틀을 짜는 순간, 여러분이 화를 내던 사람과 바로 그 자리에서 화해할 수 있을 것이다.

난 뿌린 대로 거둔다고 믿는다. 그렇다, 착하고 친절하고 남을 잘 돕는 건 우리가 키워야 하는 긍정적인 자질이고 여러분과 여러분의 삶을 더 나은 방향으로 바꿔줄 것이다. 하지만 인생은 우리가 누군가에게 일정량을 주면 정확하게 그만큼을 자동으로 돌려받을 수 있는 시스템이 아니다. 물론 준 것을 돌려받거나 거둔 것을 다시 뿌리기도 하겠지만, 그건 여러분 삶의 다른 영역이나 다른 사람에게서 온 것일 수도 있다.

상처받은 감정을 풀고 가능하면 관계도 개선하기 위해 친구와 대화를 나누기로 했다면, 친구가 해야 하는 일을 여러분이 주도하려고 해선 안 된다. 여러분은 자기 관점으로만 움직인다는 사실을 솔직히 인정해야 한다. 이렇게 말해보자.

"내가 놓친 게 있을지도 몰라. 내 기대 때문에 이런저런 감정이 생길 수도 있지만, 너와 얘기를 나누고 싶어. 예전에 네게 도움이 필요할 때 내가 곁에 있어줬으니, 나도 너한테 의지할 수 있다고 생각했어. 그런데 너한테 전화를 거니까 날 무시하는 기분이 들었어. 그래서 상처를 받았지. 네가 그 문제를 어떻게 생각하는지 말해줄 수 있어?"

이런 대화는 현실적이지 않은 기대를 떨쳐버리고 그걸 현실적인 기대로 대체하는 데 도움을 주며, 이는 여러분이 맺고 있는 우정의 전반적인 건강을 향상시킨다.

건강한 우정은 성공적인 삶에 필수적인 요소다. 우리에게 독이 되는 우정을 식별하고, 그걸 치유하려고 노력해보자.

✅ 기대 체크리스트

1. 관계와 관련해서 가장 중요한 기대 5가지는 무엇인가? 그다음 5가지를 가장 중요한 것부터 덜 중요한 것까지 중요도나 가중치 순으로 정리해 보자.

2. 지금까지 파트너를 비난했던 일 중에 실은 여러분의 불안정한 기대 때문에 발생한 문제는 무엇인가?

3. 결혼 생활 중에 배우자를 원망하며 살았다면, 이제는 배우자를 용서할 수 있는가?

4. 배우자에게 한 가지 변화를 요구할 수 있다면 어떤 게 좋겠는가? 그건 현실적인 요구인가? 여러분의 기대가 현실적이라면 배우자와 그 문제에 대해 이야기할 시간을 마련하자.

5. 결혼을 지키기 위해 진지한 조치를 취해야 한다는 사실을 깨달았다면, 그 과정을 진전시키기 위해 할 수 있는 일 한 가지는 무엇인가? 예를 들어, 결혼 생활 전문 카운슬러를 알아볼 수 있는가? 아니면 배우자에게 전달해야 하는 중요한 기대 사항을 적어보겠는가?

6. 지금 자기에게 정말 어울리지 않는 관계를 맺고 있고 이를 끝내야 한다는 걸 깨달았다면, 이 결심을 이루기 위해 가장 먼저 취해야 하는 세 가지 단계는 무엇인가? 이 어려운 시기에 의지할 수 있는 3가지 보살핌의 원천은 무엇인가?

7. 여러분의 기대를 계속 실망시키는 친구가 있다면, 그에게 여러분의 감정을 얘기해 본 적이 있는가? 만약 친구가 변하고 싶어 하지 않는다면 여러분의 기대를 버릴 수 있는가, 아니면 여러분과 같은 기대를 가지고 있는 사람들과 우정을 쌓는 게 더 바람직할까?

기대하지 마라

10장
침묵은 치명적이다

의사소통의 가장 큰 문제는
상대방의 말을 듣고 이해하려고 하지 않는 것이다.
우리는 그의 답변만 듣는다.

스티븐 코비(Stephen Covey) 기업인

———————

낭만적으로 보이겠지만 인생은 영화가 아니다.
결혼과 기대, 그리고 거기에 수반되는 것들에 대해 의논해야 한다.

아리아나 럭스(Arryana Luxe) 아가시스트

3부 관계에 대한 기대

앞 장에서는 여러분의 기대를 어떻게 전달해야 하는지에 대해 이야기했다. 이제 커뮤니케이션 문제를 좀 더 깊이 파고들어서 이것이 두 사람의 관계에 어떤 영향을 미칠 수 있는지 알아보려고 한다. 내가 아는 사실은 이런 것이다.

무언의 기대는 관계의 살인자다.

본 장에서는 연애 관계에 초점을 맞출 예정이지만, 여러분이 현재 그런 관계를 맺고 있지 않더라도 여러분이 접하는 가족, 친구 등 모든 유형의 관계에 이 정보를 적용할 수 있다.

의사소통이 안 되면?

다들 경험해 봤겠지만, 의사소통이 부실하면 관계에 치명적인 영향을 미칠 수 있다. 사실상 회복 불능한 수준을 넘어설 정도로 관계가 훼손될 수도 있다. 2017년에 발표된 유니버시티 칼리지 런던(University College London)의 연구 결과에 따르면, 의사소통 문제가 '결혼이나 동거 관계 파탄'의 가장 큰 원인으로 꼽혔다. 이는 상위권에 속한 '사이가 멀어짐' '논쟁' '외도' 같은 다른 이유보다 더 우세했다. 연구 결과가 너무도 극명해서, 커스틴 그라브닝겐(Kirsten Gravningen) 박사는 "의사소통과 관계의 질적 저하가 언급되는 빈도를 보면, 청소년들을 대상으로 하는 성교육과 관계 교육을 비롯한 다양한 관계 상담을 통해서 보다 원활한 의사소통과 갈등 해결 기술을 증진할 수 있는 여지가 있음을 시사한다"는 결론을 내렸다.

나도 이 말에 전적으로 동의한다. 앞서 아내인 메건과 함께 상담을 받은 덕분에 더 다정한 태도로 명확하게 의사를 전달하고, 개인의 기대에 근거해서 의중을 해석하는 게 아니라 상대방이 진정으로 원하는 바에 귀 기울이는 것이 도움이 되었다고 얘기한 바 있다.

상담 치료의 가장 가치 있는 부분 중 하나는 꾸준한 의사소통을 위해 시간과 관심을 기울이는 것이 얼마나 중요한가 하는 교훈이다. 의사소통은 기대치를 정하는 데 필수적인 두 가지 단계 중 하나일 뿐만 아니라, 이것이 없으면 자신의 기대가 현실적인지 아닌지 판단하는 다른 중요한 단계를 완료하지 못할 수도 있다.

관계에서 의사소통을 습관화하자.

나는 모든 커플이 정기적으로 관계를 검토해보는 걸 강력하게 추천한다. 오일을 교환하기 위해 차가 고장 날 때까지 기다리는 사람은 없지 않은가? 오일은 정기적으로 교환해야 한다. 마찬가지로 관계도 주기적인 조정이 필요하다. 필요한 만큼 자주 조정하는 게 좋다. 특히 힘든 시기를 겪고 있거나 두 사람이 중대한 결정을 내리려고 할 때는 더 자주 검토해야 한다.

우리의 목표는 솔직한 피드백을 주고받는 것이다. 다음과 같은 기본적인 질문부터 시작해보자.

- 내가 당신의 요구를 충족시켜 주고 있는가?
- 내가 당신의 기대에 부응하고 있는가?
- 당신은 내 기대에 부응하고 있다고 느끼는가?

유일한 조건은 두 명 모두 더없이 솔직해야 하고, 화내지 않고 상대방의 의견을 기꺼이 경청해야 한다는 것이다. 만약 상대가 말하길 여러분이 그들의 요구를 정확히 충족시키고 있지 않다거나 약간 노력이 필요한 부분이 있다고 한다면, 그건 관계를 개선하는 데 사용할 수 있는 유용한 정보다. 그리고 상대가 요구하거나 기대하는 것들이 여러분이 할 수 없는 일이라면, 지금이 그렇게 말할 절호의 기회다. 정기적인 점검이 전반적인 관계의 질을 높여줄 것이다.

상대가 기대를 충족시켜 주지 못하면?

나는 메건과 결혼 생활을 하면서 이 많은 진실을 힘들게 배웠다. 오랫동안 나는 그녀에게 전달되지 않는 다양한 기대를 품고 있었다. 부부의 결혼 서약에서 구운 닭고기를 언급해야 하는 경우가 있다면, 바로 우리 부부가 그랬어야만 했다.

메건과 결혼한 나는 잔뜩 들떠서 이렇게 생각했다. "야, 이거 정말 좋네. 이제 결혼했으니까 매일 집에서 만든 뜨끈한 음식을 즐길 수 있겠지."

우리가 막 결혼했을 때 메건은 구운 닭고기 요리를 만들기 시작했다. 적어도 그녀가 나를 위해 닭고기 요리를 만들어준 처음 몇 번은 그렇게 생각했다. 하지만 시간이 지나면서, 솔직히 말해 일을 마치고 집에 돌아왔을 때 조금 다른 요리가 준비되어 있길 기대했던 날들도 있었다. 그래도 메건의 구운 닭고기 요리는 아주 훌륭했다. 그래서 아주 감사하게 먹으면서 생각했다. '그래, 여보, 닭고기를 구워. 할 줄 아는 요리가 그것뿐이면 감수해야지 뭐.'

농담이 아니다. 나는 진심으로 구운 닭고기 요리가 고마웠다. 결혼하길 잘했다고 생각했고, 우리 집에는 만족스러운 부분이 많았다. 그러다가 메건이 〈디셉션(Deception)〉이라는 TV 드라마에 출연하기 위해 6개월간 뉴욕에서 지내게 되었다. 그건 아무 문제도 되지 않았다. 결혼할 때부터 이미 메건은 재능 있고 성공한 배우니까 때로는 몇 달씩 현지에서 촬영을 해야 한다는 걸 알고 있었다.

메건이 촬영을 마치고 돌아왔을 때, 나는 그녀가 만든 구운 닭고기를 먹고 싶어서 매우 신이 났다. 그렇게 열심히 일하고 왔으니까 1주일쯤 느긋하게 쉬고, 그런 다음에 다시 예전 일과로 돌아가게 되리라고 생각했다. 하지만 일주일이 지나 퇴근하고 집에 왔는데 닭고기를 굽는 냄새가 안 났다.

매일 밤 오븐을 들여다보고 전자레인지를 확인하고 냉장고도 열어봤지만 아무것도 없었다. 구운 닭고기는 보이지 않았다. 나는 화가 나기 시작했지만 그녀에게 아무 말도 하지 않았다. 난 모든 이들이 저지르는 죄를 지었다. 화가 났지만 참는 것, 아무런 기대도 감정도 표현하지 않는 것 말이다. 하지만 이때쯤에는 메건도 나에 대해 잘 알고 있었다. 그녀는 내 쾌활한 외관 아래에서 뭔가가 끓어오르고 있다는 걸 감지할 수 있었다.

"여보, 괜찮아?" 메건이 물었다.

"응, 괜찮아, 괜찮아. 우리는 다 괜찮아. 사랑해, 여보."

하지만 속으로는, '구운 닭고기는 대체 어디 있는 거야?'라고 외치고 있었다.

나는 그녀에게 불안정한 기대를 품었다. 그리고 정말 위험하지만 다들 때때로 하는 그런 일을 하게 되었다. 나를 위해 요리를 하지 않는 그녀의 결정을 비판하기 시작한 것이다. '당신은 날 사랑하지 않는 게 분명해. 좋은 아내가 되는 데 관심이 없는 거겠지. 관심이 있었다면, 내가 닭고기를 원한다는 걸 알았을 거야.'

앞서도 살펴봤지만, 쉽게 일어날 수 있는 이 패턴에서는 무언의 기대가 관점을 왜곡시켜서 화를 내고 분개하게 되며 이를 통해 엉뚱한 판단을 내리거나 잘못된 가정을 하게 된다. 아내에게는 아무런 말도 하지 않은 채로 말이다. 하지만 그녀는 내 성질

기대하지 마라

이 이상해졌다는 걸 알아차렸다.

그러다가 집에서 같이 스포츠 경기를 보던 어느 날, 마침내 내 진심이 터져 나왔다. "왜 닭고기 요리를 만들지 않는 거야?"

이런 상황에서는 결국 이렇게 되기 마련이다. 아무리 감정을 억눌러도 그 감정이 완전히 사라지지는 않는다. 감정을 자극하는 어떤 사건이 벌어져서 무심코 진짜 감정이 입 밖으로 튀어나오기 전까지는 계속 곪아가기만 할 뿐이다.

처음에 그녀는 너무 놀라서 '대체 무슨 소리를 하는 거야?'라는 표정으로 나를 쳐다보기만 했다.

이제 감정을 막고 있던 마개가 열렸으니, 다 튀어나오는 수밖에 없었다.

"왜 당신이 나한테 신경을 안 쓰는지 이해가 안돼." 내가 말했다.

그녀는 한참 동안 나를 바라보다가 자기 속마음을 털어놨다.

"당신이 기대하는 게 느껴지니까 그 일이 더 이상 즐겁지가 않게 됐어. 그래서 내가 다시는 닭고기 요리를 만들지 않아도 당신이 날 사랑해줄까? 라는 의문을 품기 시작했어."

나는 소파에 앉아 어안이 벙벙한 채 그녀가 한 말을 이해하려고 애썼다. 다행히 내 머릿속 전구가 완전히 타버리지는 않았기에 서서히 불이 들어왔다.

아, 알겠다. 사랑은 무조건적이어야 하는구나. 그런데 나는 사랑을 조건부로 만들려고 했어. 당신이 닭고기를 구워줘야 날 사랑하는 거라고 생각했으니까. 그리고 그 사실을 깨닫지도 못하고 있었다. 내가 그녀를 사랑하고 그녀도 나를 사랑한다면, 사랑은 어떤 조건에도 의존해서는 안 된다는 걸 기억해야 한다. 무조건적인 사랑은 무조건적이어야만 한다.

갑자기 너무 큰 깨달음을 얻은 것 같기도 하지만, 그녀의 말은 너무나도 명확하고 진심이 담겨 있어서 나는 그녀가 말하고자 하는 요점을 바로 알아차릴 수 있었다. 또 내 사고 과정을 깊이 파고드는 동안, 그녀와 이 문제에 대해 얘기를 나눈 적이 없기 때문에 우리 결혼 생활에서 요리와 관련된 기대치를 정해두지 않았다는 것도 깨달았다. 아내에게 요리를 떠맡기는 것에 대해 어떻게 생각하는지, 내 기대에 동의하는지, 아니면 그 주제에 대해 그녀만의 생각이 있는지 물어본 적이 없었다. 그녀에게는 뭘 원하는지도 물어보지 않은 채 내가 원하는 것에 근거해서 추측하기만 했다.

"여보, 당신 말이 맞아." 나는 이렇게 말했다. "미안해. 우리가 결혼 서약을 할 때 당신이 닭고기를 구워줘야만 당신을 사랑할 거라고 하지 않았잖아. 아니, 난 무슨 일이 있어도 당신을 사랑할 거야. 당신을 향한 내 사랑이 조건부라고 여기는 건 절대 싫어. 그리고 당신이 요리를 안 하고 나도 요리를 안 하더라도 우린 방법을 찾아낼 수 있을 거야. 더 이상 당신에게 혼자 멋대로 기대

기대하지 마라

를 걸고, 그걸 근거로 당신을 부당하게 대하거나 하지 않을게."

둘이서 함께 무언의 기대에 담긴 부담을 없앤 덕분에 우리의 결혼 생활은 다음 단계로 나아갈 수 있었다. 그 진실의 순간에 우리는 함께 요리에 대한 기대치를 정했다. 우리의 결정은 그날그날 상황에 따라 요리할 사람을 정하되, 둘 다 마음이 내키지 않을 때는 누구에게도 요리를 강요하지 않는다는 것이었다. 그리고 그날부터 지금까지 그 약속을 잘 지키고 있다.

메건과 나는 일상의 기대와 관련된 사소해 보이는 대화들이 결코 사소하지 않다는 걸 이해하게 되었다. 그런 대화는 관계의 굳건한 기반을 형성하기 위해 필요한 기대치를 설정하는 데 필수적이다. 우리가 그런 대화를 나누기 시작하자, 둘 다 실제로 더 많은 걸 주고받을 수 있었다.

여러분이 무언의 기대를 품고 있으면서 그걸 마치 말로 요청한 것처럼 여긴다면, 그건 상대에게 여러분의 마음을 읽어달라고 하는 것이나 마찬가지다. 그냥 여러분이 생각하고 느끼고 기대하는 바를 말하기만 하면 되는데, 왜 굳이 상대가 불가능한 일을 해주기를 기다리고 바라고 희망하는 것인가?

나는 사람들이 자신의 소중한 사람에 대해 얘기하면서, "그 사람이 날 사랑한다면 내라 뭘 좋아하고 뭘 원하는지 알아야 한다"고 주장하는 걸 정말 많이 들었다. 이런 사고방식을 주의해야 한다. 상대가 하는 행동에 더 깊은 의미가 담겨 있을 거라고 추측하게 되기 때문이다. 부정확한 정보에 근거한 가정은 특히 위험하다.

이건 여러분이 맺고 있는 관계에도 해당될 수 있는데, 특히 여러분을 화나게 하는 문제에 대해 직접적으로 대화를 나눠본 적이 없다면 더욱 그렇다. 이런 생각은 또 상대와 함께 하는 심리 게임으로 변질될 수도 있다. 그들이 여러분이 해야 한다고 생각하는 일을 하는지 알아보기 위해 정신적으로 테스트를 하고, 그 일을 제대로 하지 않으면 마음속의 점수판에서 1점을 감한다.

게임 규칙은커녕 그런 게임이 존재한다는 사실조차 모르는 상황에서 잘 해낸다는 건 정말 어려운 일이다.

사랑은 여러분의 기대를 해독하는 능력과는 아무런 상관도 없다. 관계는 쌍방향이므로, 상대방이 자기가 말하지도 않은 기대를 충족시키지 못했다고 여러분을 벌하게 놔둬서는 안 된다. 이런 일이 벌어지고 있다고 느껴지면, 상대가 무엇을 기대했고 왜 실망했는지 물어보자. 그리고 그들이 기대하는 바가 뭔지 명확해지면, 그걸 충족시킬 수 있는지 없는지를 알려주자.

여러분의 기대를 전달했을 때 상대방이 그걸 충족시켜줄 수 없다고 말할지도 모른다. 앞서 얘기한 것처럼, 이런 실망감을 이겨내고 두 사람 모두가 받아들일 수 있는 타협안이 있는지 알아보는 건 여러분에게 달려 있다. 합의에 도달한 뒤에는 바로 기대치를 설정할 수 있다.

기대하지 마라

여러분의 기대치를 전달했는데 상대방이 이를 충족시키는데 동의하지 않으면 어떻게 해야 할까? 이 문제에 어떻게 대처할 수 있는가? 이것은 관계에 긴장이 형성되는 중요한 요인이될 수 있다. 나는 커플들이 어떤 기대치를 충족시키기 위해 서로를 통제하려고 하는 모습을 많이 봐왔다. 하지만 이 방법은 효과가 없다.

여러분이 상대방에게 건 기대를 상대방이 충족시켜 주지 못한다면, 다시 원점으로 돌아가 상황을 재평가하면서 스스로에게 물어보자.

- 이 기대가 충족되기를 간절히 바라는 이유는 무엇인가?
- 이 기대를 직접 충족시킬 수 있는가?
- 기대를 포기하면 어떻게 될까?

여러분이 상대방의 기대를 충족시키는 데 동의하지 않는 쪽이라면, 다음과 같이 자문해봐야 한다.

- 왜 나는 이 기대에 부응할 수 없는 걸까? 내가 너무 고집스럽거나, 반항심이 강하거나, 스스로에게 진솔하기 때문일까?
- 내가 상대방의 기대에 부응하지 못하더라도, 어떻게 하면그 사람의 기대가 충족되도록 도울 수 있을까?

- 충족되지 못한 기대로 인해 관계가 끝나면, 그 상처를 이겨
  낼 수 있을까?

이 모든 걸 정리해야 하며, 특히 상대에게 전달했지만 충족되지 않는 기대가 너무 많은 경우에는 더욱 그렇다. 충족되지 않은 기대는 크나큰 고통과 갈등의 원인이 될 수 있다. 이 문제에 대해 대화를 나누면 기대가 충족되지 않는 이유를 파악하고 잠재적으로 생산적인 결과를 얻고자 노력하는 데 도움이 될 수 있다. 하지만 상대방이 여러분이 원하는 일을 하도록 통제하거나 조종하려는 유혹을 물리쳐야 한다.

왜곡된 시선말고 새로운 렌즈로 보자

중요한 상대방에 대한 기대는 여러분이 그들과 그들의 행동을 인식하는 렌즈가 된다. 그들이 여러분의 기대를 충족시키거나 초과 달성하면 그들이 대단하다고 인식하게 된다. 반대로 여러분의 기대에 부응하지 못하면, 그들을 비판하면서 사랑스럽지도 않고 놀랍지도 않은 존재로 여기게 될 수도 있다. 결과적으로 여러분의 기대는 관계에서 여러분이 느끼는 전반적인 행복을 판단하는 바로미터가 될 수 있다. 그런데 인식이 왜곡되어 여러분이 기대하는 바를 명확하게 전달하지 못한 탓에 좋지 않은

결과가 나온다면 얼마나 억울할지 생각해 보라.

우리는 모두 일반적인 의사소통이 얼마나 어려운지 알고 있다. 상대적인 기대치를 표현하려고 할 때는 위험이 더 커지며, 엄청난 취약성이 뒤따르기도 한다. 하지만 기대가 충족되지 않으면 화가 나고 속이 상하며, 종종 이런 부정적인 감정 때문에 배우자와 부모님, 혹은 친구들과의 관계까지 복잡해진다. 이런 일이 벌어지게 놔두면, 이러한 감정 때문에 판단력이 흐려지고 렌즈의 얼룩이 더 번질 수도 있다. 모든 사람은 여러분과 똑같이 자기만의 강점과 기질을 지닌 고유한 존재라는 사실을 기억하자. 하지만 여러분의 기대 때문에 다른 사람의 진짜 모습과 그들이 무엇을 제공하는지 보지 못하게 될 수도 있다.

여러분이 관계에서 완전히 새로운 것을 시도해 보라고 권하고 싶다. 단 하루, 단 한 시간만이라도 기대치를 모두 제거해 보자. 그걸 한쪽으로 치우고, 그것에 대해 전혀 생각하지 않는 것이다. 그리고 수정처럼 선명한 새로운 렌즈를 통해 파트너, 친구, 또는 가족을 바라보자. 그들이 진짜 누구인지 확인하자. 이제 그들이 여러분이 생각했던 대로의 혹은 바랐던 대로의 사람인지 아닌지 알 수 있는가?

그들이 여러분이 생각했던 대로의 사람이든 아니든, 그들의 실제 모습을 직시하는 건 중요한 일이다. 앞서도 말한 것처럼, 기대치가 우리의 관점을 왜곡시킬 수 있다. 진정한 사랑은 우리가 바라는 누군가에 대한 환상이 아닌, 그의 진실한 모습 속에서 발견된다.

예상하기보다 설명하라

양측이 공동의 기대를 정하고 도저히 존중할 수 없는 기대는 놓아버리기 위해 함께 노력하기로 합의하면 변화를 이룰 수 있으며 관계도 개선되거나 더 굳건해질 수 있다. 한 가지 예를 살펴보자. 버락 오바마와 미셸 오바마도 다른 사람들처럼 부부 관계에서 우여곡절을 겪었다. 결혼 초기에 그들이 겪은 문제 중 일부는 합의되지 않은 기대로 인한 것이었다. 그들은 이 결합이 어떻게 기능해야 하고 둘 다 행복해지려면 무엇이 필요한지에 대해 서로 다른 가정을 하게 되었다.

미셸 오바마는 2018년 11월에 〈엘르(Elle)〉지 커버스토리로 나온 오프라 윈프리(Oprah Gail Winfrey)와의 인터뷰에서 기대에 대한 얘기를 다 털어놓으면서, 자기는 결혼 생활을 통해 '다르게 사랑하는' 법을 배웠다고 인정했다. 미셸은 "나는 두 아이가 있고, 남편이 워싱턴이나 스프링필드를 왔다 갔다 하는 동안 모든 걸 억누르려고 노력했다"고 말했다. "그는 시간에 대해 놀라운 낙관론을 가지고 있다. 실제보다 훨씬 시간이 많다고 생각하는 것이다. 그리고 그 시간을 끊임없이 뭔가로 채우곤 했다."

그들은 결혼 생활이나 어린 자녀와 함께 집에 머무는 데 얼마나 많은 시간을 할애할 것인지에 대해 분명히 다른 기대를 가지고 있었다. 미셸이 남편에게 정치적인 야망을 포기하라고 요구하지 않은 것은 확실하다. 그녀가 인터뷰에서 인정했듯이, 정치계에서 경력을 쌓으려면 다른 일을 할 여유가 별로 없다. 항상 100퍼센트 의무를 다해야 하는데, 특히 오바마 대통령만큼 열정을 가지고 성공을 거두려면 더욱 그렇다.

남편을 사랑하고 결혼 생활을 지키려고 노력했던 미셸이 선택한 방법은 원한이 쌓이도록 놔두지 않고 모든 감정을 그에게 전하는 것이었다. 그들은 함께 상담을 받으러 갔다. 상담을 받는 동안 그녀는 자신에게 행복이 어떤 의미인지, 그리고 결혼 생활이라는 매개 변수 안에서 자신을 위해 더 많은 행복을 만드는 방법은 무엇인지 탐구했다. 또 버락 오바마는 그녀에게 그의 관점을 이해하고 그녀의 기대를 조정하는 데 도움이 되는 정보를 주었고, 이를 바탕으로 두 사람 모두에게 더 현실적이고 건전한 방향으로 기대를 정했다. "결국 내 약점을 공유하고 다르게 사랑하는 법을 배워야 했다. 그것이 진정한 내가 되기 위한 여정의 중요한 일부분이었다. 우리가 되는 방법을 이해한 것이다."

이 사례는 또 가정을 하는 게 왜 좋지 않은지 일깨워주는 훌륭한 예이다. 만약 미셸이 자기는 버락과 떨어져 있어서 이렇게 힘든데 남편은 아무렇지 않은가 보다고 생각하거나, 그는 결혼 생활과 가족에 대해 자기만큼 헌신적이지 않다거나 자기를 사랑하지 않는 모양이라고 가정했다면, 그런 잘못된 생각을 바탕으로 행동을 취했을 것이다. 그리고 자신들의 진짜 모습을 공유하면서 남편에 대해 더 잘 알게 되고 두 사람이 더 가까워질 수 있는 기회도 놓쳤을 것이다.

여러분이 제어할 수 있는 건 여러분 자신뿐이다

성공적인 관계를 원하는가? 그렇다면 여러분과 관계를 맺고 있는 사람을 통제할 수 있다는 환상을 버리자. 사람들은 누군가를 자기가 원하는 방식대로 행동하거나 생각하게 할 수 있다고 여기는 경우가 너무 많다. 또 주변 사람들이 절대로 할 생각이 없거나 심지어 하지도 못하는 일을 하기를 기대하면서 불필요한 고통을 자초한다.

다른 사람을 조종할 수 있는 능력을 가진 사람은 아무도 없다.

우리는 관계에 거는 기대 가운데 상당수가 비현실적이라는 사실을 알아차리지도 못한다. 여러분의 기대를 상대방에게 전달하고 그가 그 기대에 부응하겠다고 동의하는 건 가능한 일이다. 이 시나리오에서는 여러분이 상대방을 통제하는 게 아니다. 여러분은 상대방에게 뭔가를 요청했고, 그들은 그 요청을 들어줄 수 있기 때문에 그렇게 했다. 그 일에 자유 의지를 발휘한 것이다. 건전한 관계는 그런 식으로 작동한다.

하지만 상대방이 원하는 걸 보류하거나 압박하는 방법을 통해서 그가 어떤 일을 하도록 조종한다면, 화를 자초하게 된다. 여러분이 원하는 게 정당하다고 생각하든, 상대방이 자동으로 그 일을 하지 않는 게 잘못되었다고 생각하든 그건 중요하지 않다. 여러분이 사랑한다고 공언하는 이를 통제하기 위해 강압적인 전술에 의지한 건 잘못된 일이다. 그보다는 여러분이 정말로 통제할 수 있는 대상인 여러분 자신에게 공을 들여야 한다.

관계가 성공하기 위한 비결은 다른 사람에게 집중하지 말고 실제로 자기가 통제할 수 있는 자기 자신에게 집중하는 것이다.

상대방이 여러분의 요청을 거절한 것에 화가 나더라도 그들의 결정을 존중해야 한다. 여러분에게는 다른 사람을 통제할 권리가 없기 때문에, 어쨌든 그렇게 하려고 해서는 안 된다. 그러고 싶은 생각이 자꾸 드는 건 알지만 결국 문제만 생길 뿐이다. 동기 부여 연설가 겸 작가인 에스더 힉스(Esther Hicks)도 이 문제에 대해 웅변적으로 논한 적이 있다. "여러분이 어떻게 다른 사람들의 행동에 영향을 미치거나 통제하면 기분이 좋아진다는 결론에 도달하게 되었는지는 쉽게 알 수 있다. 하지만 영향력이나 강압을 통해 그들을 통제하려고 하면 그들을 제대로 억제할 수 없을 뿐만 아니라⋯ 통제를 통해서는 원하는 목적지에 도달할 수 없다."

이것이 성공적인 관계를 맺는 데 있어 가장 어려운 부분 중하나다. 상대방의 행동이 중요하지 않다는 얘기가 아니다. 물론 중요하다. 하지만 다른 사람의 마음에 들지 않는 행동에 집중하는 데 너무 익숙해진 나머지 자기 행동을 먼저 분석한다는 생각은 더없이 낯설게 느껴질 수 있다. 나는 소중한 상대의 마음에 들지 않는 부분은 대개 나 자신에게서 고쳐야 할 모습의 반영이라는 걸 깨달았다. 훌륭한 관계는 성장을 가장 자극한다. 상대방의 참을 수 없는 행동 때문에 어려움을 겪고 있다면, 그걸 더 사랑스럽고 동정심 많고 사려 깊으면서 덜 비판적인 사람으로 성장할 수 있는 기회로 받아들이자. 자신을 먼저 변화시키면, 상대방에게서 보고 싶어 하던 변화도 많이 나타나기 시작하는 걸 보게 될 것이다.

말하는 데 있어서 가장 중요한 것은 듣기다

기대치를 정하려고 할 때, 상대방에게 여러분의 요구를 얘기하는 건 빙산의 일각일 뿐이다. 여러분이 자기 욕구에만 초점을 맞춘다면, 두 사람 모두를 위한 긍정적인 해결책을 제시할 가능성이 낮아지는 건 당연한 일이다. 그러므로 상대방이 필요로 하는 게 뭔지 듣는 것도 중요하다.

심리치료사 F. 다이앤 바스(F. Diane Barth)가 〈사이콜로지 투데이〉에 기고한 '다른 사람과 잘 소통하기 위한 6가지 놀라운 방법'이라는 기사에 따르면, 더 좋은 청자가 되기 위해 여러분이 의지할 수 있는 구체적인 도구가 몇 가지 있다고 한다. 그녀의 조언 중 하나는 "질문을 던지고는 자기가 답을 안다고 가정하지 말라"는 것이다.

바스는 또한 '적극적 경청'이라는 심리학적 기법도 간단하게 가르쳐준다. 여러분이 정말 상대방의 말에 귀를 기울이고 있다는 사실을 상대방에게 알려주는 이 방법은 두 사람이 서로 긴밀히 연결되어 있다고 느끼게 해줄 뿐만 아니라, 의견이 일치하지 않을 때 긴장을 완화시키는 데도 좋다. 이 도구는 상대방과 함께 기대치를 정하려고 하는데, 상대방이 여러분이 생각하기에 비협조적이거나 부당한 이유로 제안을 거절하는 경우에 매우 유용하다. 바스는 특히 상대방과 의견이 일치하지 않을 때는 의사소통의 세부 사항에 신중해야 한다고 제안한다. "흥미롭게도 능동적인 경청에는 상황을 명확히 하거나 의견이 일치하지 않을 때 말을 가로막는 것도 포함된다. 말을 끊을 때는 반드시 허락을 구해야 한다. '미안한데 질문 하나 해도 될까?'라고 묻는 게 합리적인 방법이다."

여러분이 무슨 생각을 하는지 안다. 이론상으로는 괜찮게 들리지만 여러분이 상대방의 반응에 전혀 동의하지 않는다면, 실제로 의사소통 방법 그리고 감정도 계속 통제하기가 매우 어려울 수 있다. 다시 한번 말하지만, 바로 이런 이유 때문에 미리 자기 생각을 적어놓고 준비하는 게 매우 도움이 된다. 최대한 효과적으로 의사소통을 하는 걸 목표로 하면서 그 과정에 집중하면, 지나치게 화가 나거나 감정적이 되어 성공적인 의사소통 목표를 망치는 걸 피할 수 있다.

다른 사람과의 커뮤니케이션을 세부적으로 조정하려면 이렇게 자문해 보자.

- 내가 상대방에게 무언가를 요청할 때, 그들이 내 요청을 잘 고려한 뒤 솔직하게 대답할 수 있게 해줬는가 아니면 내가 듣고 싶은 대답만 들으려고 했는가?
- 상대방이 내가 정하고자 했던 기대치에 동의하지 않았을 때, 적극적 경청을 잘 활용해서 더 긍정적인 결과로 전환할 수 있었던 적이 있는가?
- 상대방이 자신의 기대를 내게 전할 수 있게 해줬는가?

관계는 가족이나 친구, 대중문화 같은 외부의 영향을 많이 받는 우리 삶의 한 영역이다. 그래서 자기도 모르는 사이에 외부의 기대를 받아들이기 쉽다. 이 책의 요점은 그런 기대에서 벗어나 자유롭게 사는 법을 배우는 것이다.

기대하지 마라

이건 여러분이 공유하는 삶이 어떤 모습이어야 하는지와 관련해 다른 사람들에게 투사하는 다양한 환상에서 벗어나, 자기 앞에 있는 사람과 실제로 맺고 있는 진짜 관계에 집중해야 한다는 뜻이다. 적어도 얼마간은 긍정적인 쪽으로 관심을 돌려서 최선을 다해야 한다.

여러분이 상대방과 맺고 있는 관계를 강화하고 성장시키는 가장 좋은 방법은 그들의 말을 경청하는 것이다. 그들의 희망과 꿈에 귀를 기울이자, 그리고 잘 되고 있는 일과 그렇지 않은 일에도 귀를 기울이자. 솔직하게 마음을 열고 적극적으로 경청해야 한다. 그러면 알게 된 사실에 놀랄지도 모른다. 상대방의 말에 귀를 기울이는 건 그에게 줄 수 있는 가장 사려 깊은 선물 중 하나이며, 여러분이 자기 말에 귀 기울이고 있다는 걸 느끼면 그들은 여러분을 더 많이 사랑하게 될 것이다.

기대 체크리스트

1. 현재 정해지지 않은 기대 가운데 상대방과 대화를 나눠야 하는 것은 무엇인가?

   - 여러분의 기대에 부응해 달라고 부탁하기 위해 어떤 계획을 세워뒀는가?
   - 상대가 여러분의 기대에 부응하지 못하면 어떻게 할 생각인가?

2. 배우자나 가까운 사람들이 제공하는 정보에 잘 대응하기 위해 그들과의 의사소통 방식을 조정해야 하는가?

11장

독신은 질병이 아니기 때문에
치료법이 없다

내가 싱글일 때 가장 좋아하는 부분 중 하나는 내가 누구와 시간을 보내고, 마음을 나누고, 함께 어울리고, 함께 웃고, 전화를 걸고, 식사를 할지 선택할 수 있다는 것이다.

트레이시 엘리스 로스(Tracee Ellis Ross) 영화배우

―――――――

금요일 밤에 혼자 있다고 해서 전염병에라도 걸린 것처럼 굴지 말고 혼자 즐길 수 있는 기회로 여긴다면, 나쁘지 않은 날이다.

테일러 스위프트(Taylor Swift) 가수, 영화배우

현재 연인이나 배우자가 없는 사람을 위한 공익 광고가 있다. '여러분에게는 아무 문제도 없습니다.'

지금까지는 관계 문제를 집중적으로 살펴봤으니, 이제 사귀는 사람이 없는 이들에게 직접적으로 얘기하고 싶다. 독신인 사람에게는 어떤 낙인이 붙어 있다는 잘못된 인식을 내면화하지 않는 건 매우 힘든 일이다. 이성적으로 생각하면 특정한 나이에 결혼하거나, 장기적인 관계를 맺거나, 심지어 사랑에 빠지리라고 생각하는 것 자체가 비현실적인 기대라는 걸 안다. 이런 일이 일어날지 안 일어날지 통제하는 건 불가능하다. 다른 많은 기대와 마찬가지로, 그런 기대를 받으면 아무리 똑똑한 사람도 현재의 인생을 행복하게 꾸려나가는 데 지장이 생길 수 있다.

그 오래된 짐을 모두 털어내는 것부터 시작해야 한다. 관계 전문가들은 온라인 데이트가 만들어낸 기대감(지나치게 멋진 사진, 손쉬운 거부, 아무런 책임도 지지 않는 '잠수 이별' 등) 때문에 상대에게 완벽함을 요구하거나 헌신적인 관계를 회피하고 상대방에 대한 만족감은 줄어들었다고 말한다. 그러다 보니 그 어느 때보다 비현실적인 기대와 감정적 결별이 일상화됐고, 연애를 시작할 수 있을 만큼 성공적인 데이트를 하는 것조차 힘들어졌다.

연애를 안 하거나 결혼을 못해서 어려움을 겪고 있는 독신남녀를 도울 때 내가 가장 먼저 하는 일은 그들 머릿속에 존재하는 생각의 압박이나 가족 또는 사회 공동체가 가하는 압박에서 벗어나게 하는 것이다. 그들은 특정 나이까지 결혼하지 않으면 실패한 인생이라고 여긴다.

"서른 살이라, 그게 뭐 어때서요?" 난 이렇게 말한다. "서른 살까지는 어떠어떠한 일을 해야 한다는 그 생각을 잠시 내려놓고, 현재에 집중해 보세요. 잘못된 기준에 근거해서 만들어낸 기대에 부응하지 못했다고 의기소침해지지 말고, 지금을 즐기면서 더 많은 자유를 찾아야 합니다."

그런 다음 더 깊은 내면을 살펴보면서 '왜 연애나 결혼을 그토록 원하는가?'라는 질문에 답해보라고 한다.

서둘러서 대답할 필요는 없다. 잠시 하던 일을 멈추고 관계에 대해 어떻게 배웠는지, 그리고 자라면서 어떤 유형의 관계를 모범으로 삼았는지 곰곰이 생각해 보자. 주변 사람 중에 누가 연애 중이거나 결혼을 했는지, 그들이 얼마나 행복한지 생각해 보자. 친구들이 본인들의 관계에 대해 어떻게 얘기하는지, 그들의 태도에 동의하는지 아닌지도 생각해 보자.

우리 주변에는 어떻게든 결혼을 하려고 그 과정을 서두르다가 결국 비참하게 끝난 친구들이 있다. 자신과 배우자가 비슷한 가치관과 목표를 가지고 있는지 제대로 확인하지도 않은 채, 양립이 불가능한 조합을 이루려고 서둘렀다. 두 사람이 처음부터 자기 자신과 서로에게 완전히 솔직했다면 성립되지 않았을 결혼이 얼마나 많을지 생각해 보라.

물론 '결혼하고 싶어'라고 생각하는 건 좋은 일이다. 하지만 이 열망이 여러분이 통제할 수 없는 특정한 시간 내에 반드시 일어나야 한다는 기대감으로 바뀌면 그때부터 문제가 시작된다. 그 시간 내에 결혼을 하지 못하면 자기에게 뭔가 문제가 있다고 믿게 되는 것이다. 여러분에게는 아무 문제도 없다. 결혼을 하지 않는 것에 강박관념을 가지고 있다면, 이제 관점을 바꿔야 할 때다. 독신으로 사는 걸 손해라고 여기기보다, 그게 실제로는 얼마나 큰 장점인지 알려주고 싶다.

독신의 좋은 점

우선 독신으로 살면 자신에 대해서 정말 많은 걸 알 수 있는 기회가 생긴다. 스스로에게 물어보자.

- 혼자 지내는 기간 동안 나 자신에 대해 무엇을 알게 되었는가?
- 나는 누구인가?
- 내 인생의 목적은 무엇이며, 어디로 향해 가고 싶은가?
- 나는 무엇을 좋아하는가? 좋아하지 않는 것은 무엇인가?
- 잘 풀리지 않았던 과거의 관계에서 나에 대해 뭘 배울 수 있을까?

이 질문을 자신에 대해 잘 알고, 보다 확실한 자기 이해와 자신감을 통해 인생의 방향을 계획할 기회로 받아들이자.

지금 이 순간 자기가 가진 모든 것에 대해 더 큰 감사를 표할 시간을 가지자. 불행한 관계에 얽혀 있지 않은 것에 감사하자. 자신을 위해 노력하면서 스스로 행복을 발견할 수 있는 공간과 시간이 있다. 지금 여러분의 삶을 최대한 활기차고 충만하게 만들자. 그러면 미래에 멋진 관계를 맺을 준비를 갖추게 될 것이다.

보람 있는 관계를 성공적으로 이끌어 나가려면 그만큼 에너지와 노력이 필요하다는 걸 기억하자. 여러분 삶에 그런 부담이 없으면 자기 관리와 자기 성찰, 좋은 종류의 이기심을 위한 공간이 많이 생긴다. 자기 돈을 어떻게 쓸지 결정할 때, 그리고 친구들과의 관계를 키우거나 좋은 방향으로 발전시키려고 할 때 다른 사람 눈치를 볼 필요도 없다.

이는 '독신 생활이 삶을 개선시킬 수 있는 9가지 방법'이라는 〈타임(Time)〉지 기사에 나온 장점 중 일부에 불과하다. 독신 생활의 장점을 기억하고 자기가 그걸 최대한 활용하고 있는지 확인하는 건 매우 긍정적인 일이라고 생각한다. 이 기사는 또 관계 전문가이자 베스트셀러 작가인 수잔 윈터(Susan Winter)가 말하는, 여러분이 미처 생각하지 못했을 수도 있는 또 하나의 미묘한 보상을 지적한다. "믿기 힘들겠지만, 관계는 '정신적인' 비용이 많이 든다. 친밀감과 동반자 관계는 우리 머릿속 공간을 많이 차지한다. 이 중 많은 부분이 무의식적으로 일어나고 있긴 하지만, 개별적으로 집중된 생각을 할 수 있는 역량이 줄어든다."

누군가와 관계를 맺고 있으면 그것이 말 그대로 정신적인 공간을 더 많이 차지해서, 그 공간을 우리 자신의 목표와 관심사에 활용할 수 없게 된다. 물론 관계를 맺고 있는 대부분의 사람들은 이런 희생을 기꺼이 받아들인다. 우리는 상대방을 아끼고 관계에서 오는 이점을 즐기기 때문이다. 그러나 수잔은 좋은 점을 지적하고 있다. 자신의 모든 능력을 온전히 자기에게만 쏟을 수 있다면 그걸 잘 활용하자.

독신인 오늘 자신의 삶을 최대한 활용하는 것에는 미래에 도착할 사랑에 대비하기 위해 최선을 다하는 것도 포함된다. 이는 자기가 좋아하는 일이 뭔지 파악하고 그걸 더 많이 할 수 있는 자유를 이용해 행복과 일체감을 키우는 것을 의미한다.

자신을 발전시키고, 열정을 추구하고, 시야를 넓히자. 여러분이 원하던 중요한 삶의 변화가 있다면, 지금이 그걸 하기에 가장 좋은 때일 수도 있다. 누군가와 관계를 맺게 되면, 어떤 일은 하기가 더 어려워질 것이다. 위험을 감수하자. 고정관념에서 벗어나자. 우리 문화는 독신의 단점을 지나치게 강조하지만, 인생을 최대한 열심히 살다 보면 그 장점을 알게 될 것이다.

상대한테 기대하며 기다리지 말고 여러분이 좋아하는 걸 더 많이 하자. 친구들과 시간을 보내거나, 공부를 하거나, 사업을 시작하거나, 새로운 취미를 찾자. 다른 관심사를 개발하고 정신과 삶의 다른 영역에 양분을 제공하면, 현재 부족한 연애 감정이 아닌 다른 데로 관심을 돌릴 수 있을 뿐만 아니라 여러분이 원하는 사랑을 받을 수 있는 적절한 시간과 장소에 있을 가능성도 높아진다.

지금 여기에서 행복을 느끼자

여러분의 행복을 책임질 사람은 여러분 자신뿐이라는 얘기는 앞에서도 했다. 관계가 세상 무엇보다 중요하고 마침내 누군가와 관계를 맺게 되면 행복해지리라고 생각한다면, 그건 비현실적인 기대다.

여러분에게 없는 것에 쏟던 모든 관심을 여러분이 가지고 있는 것, 즉 자기 자신에게 집중하자. 이제 자신을 행복하게 해야 한다. 자신의 행복과 만족을 미래의 알 수 없는 날짜로 미루거나 남의 손에 맡긴다면, 심한 실망감을 맛보게 될 것이다. 결혼만 하면 당장 행복해질 테고, 배우자가 모든 문제를 해결하고 외로움도 없애줄 것이라는 환상은 우리 문화권에서 가장 큰 근거 없는 믿음 중 하나다. 그건 전혀 사실이 아니다. 물론 함께 한다는 건 정말 멋진 일이다. 그리고 나는 자신에게 어울리는 사람과의 결혼을 강력히 지지한다. 하지만 그런 경우에도 자신의 행복은 스스로 책임져야 한다.

골든글로브상을 수상하고 두 차례의 이혼 경력이 있는 배우 테리 해처(Teri Hatcher)는 〈피플(People)〉지와 인터뷰에서 독신 생활에 대해 다음과 같이 말했다. "외로운 것과 혼자인 것은 다르다. 나는 독신 생활을 한 지 오래됐지만 생활하면서 외로운 점은 없다. 그 오명을 벗어버리고 싶다. 결혼을 하지 않았을 때도 자기 삶을 자랑스러워 할 수 있다."

독신이라면 현재 느끼는 행복을 높이기 위해 지금 바로 노력하자. 자신을 돌보는 법을 배우고, 자신과 자신의 요구에 집중하는 법을 배우고, 일상에서 작은 기쁨의 순간을 찾는 법을 배우자. 독신일 때 더 즐겁게 살기 위해 생각의 방향을 바꿀 수 있다면, 타인과 관계를 맺을 때도 그런 행복을 느낄 가능성이 훨씬 높아진다. 그러면 그 관계도 여러분이 가지고 있지 않은 걸 보충하거나 보완하는 게 아니라 이미 가지고 있는 걸 강화시켜 줄 것이다.

관계 초반에 기대치를 정하라

새로운 사람과 데이트를 시작할 때는 가능한 한 일찍 기대치를 세워야 한다. 그래야 가치관과 관점이 여러분과 완전히 다른 사람을 가려낼 수 있을 뿐 아니라 상대방에 대해 더 많이 알게 된다. 첫 데이트 때 음식을 주문하고 기다리는 동안 평생 계획을 다 세우라는 얘기가 아니다. 하지만 그렇게 초기에도 여러분의 경계가 어디쯤인지는 명확하게 알릴 수 있다.

여성의 경우, 남성을 계속 만날지 확신이 서지 않는다면 첫 데이트 때 자기 몫의 돈은 자기가 내겠다는 걸 분명히 밝혀야 한다. 그래야 상대방도 "내가 데이트 비용을 다 냈으니까 상대도 나한테 관심 있는 거겠지"라고 생각하지 않는다.

만약 그가 식사비를 내겠다고 계속 고집하거나 여러분이 상대에게 대접받고 싶은 기분이라면, 다음과 같이 솔직하게 얘기해서 그가 기대치를 정하게 해야 한다. "당신이 식사비를 계산하겠다니 고마워요. 하지만 나는 당신과 계속 만날 생각이 없어요. 그러니까 그게 문제가 된다면, 식사비는 각자 부담하도록 해요." 실제 2021년 소셜데이팅 사이트 설문조사 결과, 일부 남성은 여성에게 술과 음식을 대접하면 데이트에 성공해서 그녀와 사귈 거라고 생각한다.

그렇게 직설적으로 얘기하는 걸 불편해하는 사람들이 있다는 걸 안다. 하지만 개인적으로 정한 한계를 솔직하게 얘기하지 못한다면 관계를 맺기가 어렵다. 또 이런 얘기를 할 수 없는 사람과의 관계가 진전되면 그 관계가 결국 어디로 향하게 될지 스스로 인정하기 힘들 것이다.

다시 한번 말하지만, 결혼하는 데 너무 집착하다 보면 이 새로운 사람이 여러분을 더 좋아하게 만들려고 자신의 경계와 가치관을 타협할 수도 있다. 그러나 여러분과 성적, 정신적, 개인적으로 차이가 많이 나는 사람에게 시간을 낭비하지 않는 게 훨씬 낫다고 생각한다.

자신에게 물어보자.

- 나와 완벽하게 잘 어울린다고 생각했던 사람과의 관계가 잘 풀리지 않은 게, 실은 거짓된 삶을 살지 않아도 되도록 구해준 것이란 사실을 인정해도 될까?
- 앞으로 어떻게 하면 내 마음과 나 자신, 내 인생을 위해서 더 나은 선택을 할 수 있을까?
- 새로운 사람을 사귀기 시작할 때 타협하지 말아야 할 경계는 무엇인가?

데이트 입문: 어디로 가는 걸까?

자기가 독신인 것이 마음에 들지 않고 최근에 사귀기 시작한 사람을 잃는 게 두렵다면, 자기가 처한 상황의 진실을 직면하기가 어려울 수 있다. 하지만 어떤 이유로든 불만족스럽다면 자신에게 솔직한 태도로 주의를 기울이기 바란다. "이 관계가 어디로 가는 걸까?"라고 묻는 걸 두려워해서는 안 된다. 우버(Uber,

택시) 기사가 여러분이 가고자 하는 곳이 아닌 다른 곳으로 데려다 준다면, 그에게 어디로 향하는 거냐고 물어볼 것이다. 마찬가지로, 여러분이 맺고 있는 관계가 어디로 향하고 있는지 확실하지 않다면 사귀는 사람에게 피드백을 요청해야 한다.

하지만 이걸 피하는 이들이 매우 많다. 그들은 원치 않는 정보를 받거나 그것 때문에 헤어지게 될까 봐 두려워한다. 어떤 상황의 진실을 부정하거나 회피하는 건 결코 좋은 일이 아니다. 때로 사람들은 상대에게 너무 많은 '압박'을 가하는 걸 두려워하고, 또 너무 솔직하게 행동하면 '상대가 겁먹지 않을까' 걱정한다. 하지만 그런 두려움은 다른 사람의 의도나 미래의 계획을 명확하게 파악하기 위한 중요한 질문을 하는 걸 가로막을 수 있다.

상대가 어떤 약속이나 의향 선언을 하지 않고도 자신의 욕구를 충족시킬 수 있다면 아마 오랫동안, 어쩌면 몇 년씩 이런 식의 관계만 유지할 수도 있다. 하지만 여러분은 정말 결혼하고 싶은데, 상대방은 둘의 관계에 대해 완전히 다른 생각을 가지고 있고 결코 진지하지 않았다는 걸 알게 되면 엄청난 충격을 받을 수 있다.

전에도 이런 상황에 처한 적이 있다면, 실망감 때문에 마음이 아프고 희망이 짓밟히는 기분이 들 거라는 사실을 알 것이다. 그래서 감정적으로 후퇴하거나 회복하는 데 몇 년씩 걸릴 수도 있다. 그렇기 때문에 여러분이 원하거나 받을 자격이 있는 것보다 적은 것에 만족하면 안 된다. 여러분 자신과 여러분 인생의 그 사람에게 정직해지자. 솔직하게 다음과 같이 물어보자.

- 이 관계에서 당신의 목적은 무엇인가?
- 우리는 같은 생각을 하고 있는가? 당신도 내가 당신에게 느끼는 것과 같은 감정을 느끼는가?
- 결국에는 나와 결혼하고 싶은가, 아니면 다른 사람과 결혼하고 싶은가?

가혹하게 들릴 수도 있지만, 상대방의 대답이 마음에 들지 않으면 그 사람과 사귀는 걸 당장 그만둬야 한다. 시인이자 영화배우인 마야 안젤루(Maya Angelou)는 다음과 같은 유명한 말을 했다. "누군가 당신에게 자신의 진짜 모습을 보여주면, 그때 처음으로 그를 믿어야 한다." 새로운 데이트 상대의 말을 곧이곧대로 받아들이자. 그가 말하는 게 마음에 들지 않으면, 그는 결코 여러분이 바라던 사람이 되지 못할 것이라고 여기자. 힘들다는 거 안다. 특히 그 사람에 대한 기대가 컸다면 더 힘들 것이다. 하지만 그들이 여러분이 진정으로 원하는 걸 절대 주지 않으리라는 사실을 이미 인정했다면, 여러분이 계속 곁에 머물도록 조종할 수 있게 하고 싶은 유혹을 뿌리쳐야 한다.

지금 여러분이 사귀는 사람이 이 모든 질문에 여러분이 원하는 대답을 해서 마침내 완벽한 짝을 찾았다고 생각하더라도, 두 사람의 결혼이 성사될 거라는 보장은 없다. 사실 이것은 관계에서 긴장이 발생하는 흔한 원인이다. 여러분도 결혼하고 싶어 하고 사귀는 사람도 같은 마음이더라도, 원하는 만큼 빨리 이루어지지 않을 수도 있다. 그러면 그 사람 주위에 계속 머물러야 할까, 아니면 인연을 끊어야 할까?

이 경우, 회사를 그만둬야 할지 여부를 판단할 때 쓰면 좋은 기술인 비용 편익 분석을 사용할 것을 권장한다. 이 관계를 유지해서 얻는 이득이 비용보다 여전히 큰가?

여러분이 그 사람과 함께 하면서 계속해서 커다란 감정적 이익을 얻고 있다면, 그와 더 오래 함께 해야 한다. 그 관계를 즐기면서 시간이 지남에 따라 관계가 어디로 흘러가는지 지켜보자.

그 사람과 함께 하면서 얻는 이익보다 감정적인 손상이 더 크다면 이제 떠나야 할 때일지도 모른다. 그 관계가 자신에게 손해인지 어떻게 알 수 있을까? 마음이 평온한지 평가해보면 된다. 항상 자신에게 완전히 솔직해야 한다. 만족보다 불만족이, 행복보다 좌절감이 크다면 이는 그 관계가 여러분에게 손해를 끼치고 있다는 강한 신호다. 지금은 그 관계에서 충족감을 느끼지 못하고 상대의 지지나 사랑도 받지 못하지만, 나중에 갑자기 행복한 관계로 바뀔 거라는 희망을 품고 있다면, 이는 엄청난 피해를 입힐 수도 있는 가정이다. 지금 충분히 받지 못한다면 나중에도 원하는 것을 얻지 못할 가능성이 크다.

이런 좌절감이나 불만이 해소될 수 있는지 확인하기 위해, 사귀는 사람에게 자신의 감정을 솔직하게 전달하기 위해 최선을 다해보자. 이게 가능하다면 아주 좋다. 만약 안 된다면 헤어져야 한다.

관계를 끊는 게 두려울 수도 있다는 건 알지만, 그것이 지금 살고 있는 단 한 번의 인생에서 행복으로 가는 길이 될 수 있다고 주장하고 싶다. 그리고 여러분은 자신의 행복을 위해 최선의 선택을 할 책임이 있다.

과거를 놓아주자

관계가 잘 풀리지 않을 때, 혹시 내게 문제가 있는 건 아닌가 하는 의심이 드는 건 당연한 일이다. 우리 모두 그런 경험이 있다. 하지만 해결할 방법이 있으니 기운내자. 독신인 상태를 최대한 활용하는 또 하나의 방법은 이 시간을 이용해서 과거를 놓아주는 것이다. 사실 묵은 상처를 놓아주는 것은 인생에 새로운 사랑과 헌신이 나타날 때 그걸 받아들일 태세를 갖추기 위한 강력한 방법이다.

깊이 사랑하는 사람과 사귀면서 그와 결혼할 줄 알았는데 결국 일이 잘 안 풀렸다면 많이 상심했을 것이다. 나도 20대 때 사귀던 사람이 있었는데, 그녀에게 푹 빠져서 언젠가 그녀가 내 미래의 아내가 될 거라고 확신했다. 하지만 일이 잘 풀리지 않았다. 그녀와의 관계가 끝났을 때는 울기도 많이 울었다. 크게 상심했고 패배감을 맛봤으며, 다시 사랑을 할 수 있을지 확신이 서지 않았다.

아직 이별의 아픔을 느끼고 있다면, 지금이야말로 상처를 더 깊게 파헤쳐서 그 관계에 걸고 있던 모든 기대를 살펴볼 수 있는 완벽한 순간이다.

정말 그 사람과 결혼하리라고 믿었다면, 그 관계가 끝났다는 사실뿐만 아니라 거기에 연결되어 있던 미래의 가능성까지 잃은 걸 슬퍼하는 것이다. 자신에게 물어보자. "이 상실에서 얻을 수 있는 교훈 중 지금 상처를 치유하는 데 가장 좋은 교훈은 무엇인가?"

정직과 겸손의 빛이 우리 삶의 가장 어두운 구석까지 비출 때 비로소 성장이 진행될 수 있다. 과거의 고통을 놓아주는 것은 자유롭게 살기 위한 중요한 요소다. 과거에만 매여 살다 보면 정신이 이상해질 수도 있다. 아무리 과거를 돌아보고 지나간 일을 되짚어 봐도 절대 변하지 않는다. 지금 여기서 현재를 살아가는 게 훨씬 낫다.

또 어떤 사람과는 애초에 맺어질 운명이 아니었던 것이다. 여러분은 본인에게 적합하지 않은 사람과 사귀었고, 그와 헤어진 덕에 실제로 목숨을 구한 걸지도 모른다. 그들은 여러분을 영구적인 정서적, 육체적, 정신적 피해를 입힐 수 있는 길로 이끌었을지도 모르는 사람들이다.

독신으로 지내는 기간을 자신을 치유하고, 온전해지고, 진정한 자신에 대한 계시와 깨달음을 얻는 시간으로 활용하자. 그리고 배운 것을 활용해서 자신의 마음과 건강, 온전함을 위해 더 나은 선택을 하자. 과거의 상처를 치유하기 위해 노력하는 건 자신에게 줄 수 있는 가장 큰 선물 중 하나다.

기대하지 마라

✅ 기대 체크리스트

1. 결혼하고 싶은 이유는 무엇이고, 결혼이 여러분의 삶을 어떻게 개선해 줄 것이라고 생각하는가?

2. 집을 사거나, 여행을 다니거나, 애완동물을 키우는 것 등 결혼할 때까지 미뤄둔 목표나 관심사가 있는가? 이런 일을 혼자서도 할 수 있을까?

3. 여러분의 주변 사람 중에 결혼하라고 압박하는 이가 있다면, 그들과 대화를 나눠서 그 기대가 비현실적이고 도움이 되지 않는다고 말해야 할까?

4. 현재에 충실하면서 지금의 독신 생활을 더 즐길 수 있는 방법이 하나 있다면 무엇인가?

5. 사귀는 사람이나 친구, 가족과 경계를 정하거나 명확히 전해야 하는 말이 있는데 현재 대화를 피하고 있는가?

   • 어떻게 하면 이런 대화를 나누기 위한 마음의 준비를 할 수 있을까?
   • 여러분이 바라는 대로 되지 않을 경우, 벌어질 수 있는 최악의 상황은 무엇일까?

4부

직업상의 기대

LIVE FREE

12장

과정이 곧 결과다

산 정상에 오르는 것보다 올라가는 과정이 더 중요하다.

이본 쉬나드(Yvon Chouinard) 파타고니아 창업자

―――――

거의 남들이 불편해할 정도로 슛을 빨리 쏘는 연습을 해서,

경기할 때는 주변 속도가 느려지는 기분을 느끼고 싶다.

스테프 커리(Steph Curry) 농구선수

직업 생활에서는 규칙이 약간 다르다. 여러분이 CEO든 비서든, 직업을 갖는다는 건 본질적으로 서비스와 돈을 교환하는 것이다. 직업 생활과 관련된 기대치를 정할 때는 이 사실을 유념해야 한다. 매 급여 지급 주기마다 자신의 업무 성과나 직업적인 발전, 경력에 대한 기대 외에도 급여를 받는 대가로 고용주의 기대를 충족시키겠다고 기본적으로 동의하는 것이다.

본 장에서는 이 문제를 보다 효과적으로 처리할 수 있는 방법을 논의할 것이다. 하지만 모든 것의 근원인 여러분 얘기부터 시작해 보자. 여러분은 자기 경력을 어떻게 발전시키고 싶은가? 현재의 직업이 여러분에게 어떤 식으로 도움이 되거나 방해가 되는가? 이 얘기를 더 진행하기 전에, 지금 하는 일이 마음에 들지 않더라도 직장에서 어떤 모습을 보이느냐가 꿈을 이루는 데 성공할 수 있을지 여부와 직결된다는 걸 알아야 한다. 미래의 모습을 지금 하나씩 만들어가고 있기 때문이다. 지금은 고용주의 기대를 충족시키지 못하지만 마침내 원하는 직업을 가지게 되면 어떻게든 탁월한 능력을 발휘할 수 있을 거라고 생각한다면, 이는 스스로를 속이는 것이다. 지금 하는 일을 자신의 이상적인 직업처럼 거야 한다. 그러면 생각보다 빨리 꿈의 직업을 갖게 될 것이다.

자신의 직업적 기대와 그것이 현실적인지 여부와 무관하게, 현재의 일자리에 거는 기대치를 파악하는 게 중요하다. 두 가지 기대치 사이의 괴리가 크다면 행복하지 않을 것이다. 아마 이런 단절이 여러분이 지금 그렇게 좌절한 이유 중 하나일 것이다. 자기가 현실적인지 아닌지를 지속적으로 평가하는 것이 장기적인 경력 성공에 매우 중요하다.

여러분의 직업적 기대가 현실적인지 아닌지에 대한 답은 통제라는 한 단어로 요약할 수 있다. 솔직히 말해서 우리는 모두 통제광이다. 나도 내가 그렇다는 걸 안다. 우리가 직업에 대해 품고 있는 비현실적인 기대는 아마 최대한 많은 걸 통제하고 싶은 욕망 때문일 것이다. 나는 우리가 자기 운명의 주인이라고 믿지만, 진정한 주인이 되기 위한 열쇠 중 하나는 현실을 확실하게 파악하는 것이다. 현실이 어떤지 알아야만 비로소 현실을 초월할 수 있다.

나는 자기가 언제까지 무엇을 성취할 것인지에 대해 장엄한 환상을 품고 있는 많은 전문가들에게 조언을 해왔다. 그들은 자기가 통제할 수 없다는 사실을 깨닫지 못한 대상을 통제하는 데 집착했다. 인생에서 가장 위대한 싸움 중 하나는 우리 힘으로 할 수 없는 일들이 많다는 것을 인식하고 받아들이는 것이다. 그게 마음에 들지는 않겠지만 어쨌든 이해하고 받아들여야 한다.

예를 들어, 1년 안에 승진하는 게 목표라고 가정해 보자. 이를 위해 신중하게 계획을 세우고, 탁월한 성과를 올리기 위한 최선의 방법을 분석한다. 초과 근무를 하고 다른 책임을 추가로 맡겠다고 자원한다. 그리고 상사 앞에서 뛰어난 모습을 보이기 위해 가능한 모든 일을 다 한다. 이 경우 여러분의 승진에 대한 기대는 현실적일까, 비현실적일까? 비현실적이다, 왜냐고? 승진 여부는 여전히 상사가 좌우하지, 여러분이 좌우하는 게 아니기 때문이다.

여러분이 하는 사업이 얼마나 수익성이 높고 세간의 이목을 끌 것인가 하는 문제도 마찬가지다. 나는 비즈니스 리더들에게 "아무리 노력해도 여러분이 파는 제품을 다른 사람이 사게 할 수 있는가?"라고 물어보는 걸 좋아한다. 물론 대답은 '아니오'다. 분명 이건 좌절감을 안겨준다. 하지만 우리가 통제할 수 없는 것에 화를 내기보다 통제 가능한 일을 숙달하는 쪽에 집중할 수 있다.

여러분은 과정을 통제한다.

과정을 결과로 생각하면 더욱 성공할 수 있다.

과정을 결과로 여기는 게 왜 그렇게 중요할까? 자기가 통제할 수 없는 결과에 너무 많은 에너지와 노력, 집중을 쏟으면 충분히 통제 가능한 과정에는 충분한 에너지와 노력, 집중력을 쏟을 수 없기 때문이다. 자기가 언제 승진하거나 봉급이 인상될지는 정확히 알 수 없지만, 정시에 출근해서 매일 최선을 다해 일하는 건 통제할 수 있다. 이 깨달음을 받아들인다면 지금 당장 자신의 경력이나 사업을 바꿀 수 있다. 자기가 통제할 수 없는 부분 때문에 스트레스를 받기보다 자기 통제권 안에 있는 힘을 발휘하

자. 과정이 무엇보다 중요하다.

아이러니한 점은, 성공 과정에 더 많이 투자할수록 추구하는 결과를 얻을 확률이 높아진다는 것이다. 이 방법은 실제로 매일 더 효과적이고 생산적으로 일하기 위한 전략이다. 나도 영화를 구상하고 제작하는 방법과 관련해서는 이 원칙에 따라 살고 있다. 영화에 자금을 대는 스튜디오부터 전체적인 과정을 이끄는 감독, 그리고 나 같은 제작자에 이르기까지 우리는 모두 같은 걸 원한다. 바로 성공할 수 있는 훌륭한 영화다. 성공만을 기대한다. 하지만 대본을 만드는 동안 흥행 기록에만 집착한다면 성공 가능성이 낮아질 것이다. 왜일까? 자체적인 장점을 살릴 수 있는 좋은 대본을 만드는 데 충분한 생각과 에너지를 쏟지 않기 때문이다. 과정에 전념하자. 그러면 여러분이 가고 싶은 곳으로 데려다 줄 것이다.

과정은 여러분이 통제할 수 있는 모든 걸 특별하게 만들기 위한 일련의 신중하고 일관성 있는 조치다.

영화를 제작할 때 결과만 기다리며 성공을 기대하기보다는 그 과정에 전념하자. 즉 대본, 캐스팅, 제작, 연출 등을 훌륭하게 해내는 데 집중한다는 뜻이다. 그렇게 하면 어떤 결과가 나오든 서로를 바라볼 때 기분이 좋을 수 있다. 최고의 영화를 만들기 위해 우리가 할 수 있는 모든 일을 다 했다는 걸 알기 때문이다. 지름길은 없어요. 모든 성공적인 결과는 성공적인 과정의 직접적인 결과물이다.

역사상 가장 현명한 투자자 중 한 명인 워렌 버핏(Warren Buffett)도 이에 동의한다. 그는 1989년에 자기 회사인 버크셔 해서웨이(Berkshire Hathaway) 주주들에게 보낸 편지에서, "우리는 수익보다 그 과정을 훨씬 더 즐긴다"는 말로 자신의 직업적인 접근 방식을 요약했다. 800억 달러에 가까운 순자산을 보유한 사람이 하는 말이니 새겨들을 만하지 않은가.

〈Inc.〉지는 "워렌 버핏이 결과가 아닌 과정을 우선시하라고 권하는 이유"라는 제목의 기사에서 다음과 같이 자세히 설명했다. "결과와 최종 산물은 이뤄야 하는 중요한 목표지만, 그보다는 과정에 에너지를 쏟는 게 더 유익할 수 있다. 워렌 버핏은 바로 이 개념을 표현한 것이다. 이 전설적인 인물은 결과보다는 방법, 개발, 행동에 집중해야 한다고 말한다."

나의 기대 분석

내가 먼저 배우지 않은 내용은 여러분에게 말하지 않을 것이다. 인생의 가장 비참한 순간이 우리의 가장 위대한 스승이 된다.

2010년에 나는 소니 픽처스 엔터테인먼트의 제작 담당 부사장이었다. 그 전 해에는 제이든 스미스(Jaden Smith)와 성룡이 주연을 맡은 고전 영화 〈베스트 키드(The Karate Kid)〉의 리메이크판 제작을 감독했다.

그건 정말 대작업이었다. 출연한 스타들의 수준과 그들이 작업 품질에 세세하게 신경을 썼기 때문만이 아니라 우리가 중국 베이징에서 촬영을 진행했기 때문이다. 당시에는 1986년에 제작된 〈마지막 황제(The Last Emperor)〉 이후로 미국 영화가 그곳에서 촬영을 한 적이 없었다. 제작 기간 내내 나는 전보다 더 열심히 일했고, 9개월 동안 중국에 9번이나 다녀왔다. 직접 촬영장에 가 있지 않을 때는 새벽 1~2시까지 로스앤젤레스의 사무실에 남아서 현지에 있는 제작진들과 연락을 취했다. (베이징과 로스앤젤레스는 15시간의 시차가 있다.)

우리는 약 4,000만 달러를 들여서 이 영화를 제작했고 북미에서 개봉 첫 주에 5,600만 달러의 수익을 올렸으며, 전 세계적으로는 3억 5,900만 달러를 벌어들였다. 엄청난 히트를 쳤고 스튜디오에 매우 많은 이익을 안겨줬다. 그래서 내가 승진을 기대해도 괜찮을 거라고 생각했다. 결국 나는 그 프로젝트를 아주 열심히 했고, 그 결과 매우 잘되지 않았는가.

하지만 그런 일은 일어나지 않았다. 당시 내 상사들은 날 승진시키고 싶지만 그럴 수 없었다며 내 희망과 정반대되는 말을 했다. 고위 임원들이 이미 너무 많다는 것이다. 그래서 이제 내가 직접 영화 제작을 담당하는 게 아니라, 다른 임원들의 영화 제작을 지원하는 쪽으로 돌아가야 할지도 모른다고 했다. 믿을 수 없는 얘기였다. 엄청난 충격을 받아 완전히 망연자실했다. 당시 나는 큰 기대를 많이 걸고 있었지만 다른 사람들과 확실하게 정해놓은 건 하나도 없었다. 전부 비현실적인 무언의 기대일 뿐이었다.

그래서 기대치를 정해두면, 불안정한 기대가 토네이도처럼 여러분의 삶을 휩쓸면서 실망과 상처를 안겨주도록 내버려뒀을 때와는 완전히 다른 결과가 나온다. 이것이 어떤 기대든 확실히 정해둬야 하는 이유다.

몇 달 동안은 매우 암울한 시기였다. 이건 사실 승진 때문도 아니었다. 내 자존감과 승진에 부여한 가치 때문이었다. 내 자존감을 승진과 매우 밀접하게 연관시켜놓는 바람에, 승진이 되지 못하자 마치 내가 받아야 할 걸 받지 못한 듯한 기분이 들었다. 그리고 그 결과 자신이 무가치한 인간처럼 느껴졌다.

지금 돌이켜보면 당시 내 기대가 얼마나 부풀려져 있었는지 알 수 있지만, 그때의 내 심정은 정말 그랬다. '이제 기대를 아예 걸지 말아야겠어' 라고 생각했다. 하지만 그건 또 다른 문제를 일으켰다. 아무 기대도 없이 살다 보니 의욕이 나지 않았던 것이다. 목표나 다른 것을 향해 나아가려고 하지 않았다. 아무 희망도 없이 완전히 정체되어 있었다. 그래서 스스로에게 물었다. '난 왜 이렇게 열심히 일하는 거지? 왜 이렇게 힘들게 싸우는 거냐고?' 그때의 나는 아무런 기능도 하지 못했다. 얼마 지나지 않아, 번성하기 위해서가 아니라 솔직히 살아남기 위해서라도 어떤 기대가 필요하다는 걸 깨달았다. 그래서 우리 모두에게는 기대가 필요한 것이다.

직장에서의 이 힘든 시간은 결국 전화위복으로 끝났다. 이 사건 때문에 내 삶을 진정으로 평가하고, 내가 어떤 사람인지 판단하고, 가고 싶은 목적지가 어디인지 진지하게 생각하게 되었다. 이런 일이 없었다면 결코 발견하지 못했을 무언가를 발견하기 위해 내면을 더 깊이 파고들었다.

'나는 창작하기 위해 태어난 사람이다. 성공하기 위해서는 다른 사람의 창작물을 관리만 하는 게 아니라 내가 직접 창작해야 한다.'

이 한 가지 깨달음이 그날부터 지금까지 내 삶과 경력에 힘을 실어줬다. 이제 다른 사람의 창작물을 관리하는 것도 아무 문제 없다. 이게 내 개인적인 깨달음이었고, 결국 직접 회사를 차리는 것 같은 인생의 중요한 결정을 하게 되었다. 그리고 이를 통해 다시금 미래에 대한 설렘을 느낄 수 있었다. 시간이 걸리는 여정이었지만, 잠재력과 긍정적인 감정이 돌아오면서 추진력도 생겼다.

〈베스트 키드〉와 관련된 경험은 잠시나마 내 희망을 가져갔다. 정말 중요한 건 과정이라는 사실을 깨닫지 못한 채, 결과와 그 영화에서 내가 원하는 걸 정확히 얻어내는 데만 몰두했다. 그래서 기대가 충족되지 않자, 상사들과 실망감 때문에 적어도 한 동안은 자존감이 낮아졌다.

결과에 대한 집착을 버리자

이 모든 게 논리적으로 타당하다고 확신한다. 문제는 우리가 단순히 새로운 사고방식과 행동 방식만 받아들이는 게 아니라는 것이다. 우리에게 결과를 중시하라고 가르쳐 온 평생 동안의 메시지에 대항하고 있다. 우리 문화권은 일할 때뿐만 아니라 다른 때에도 결과에 매우 집착한다. 우리는 사물을 특정한 방식으로 보고 싶어 한다. 특정한 차를 몰고, 특정한 집에서 살고 싶어 한다. 특정한 사람과 결혼하고 싶어 한다. 그리고 결과를 원한다.

그게 바로 마케팅의 존재 이유다. 마케팅은 하루 종일 우리에게 결과에 대한 약속을 판매한다. 휴대폰 화면을 스크롤할 때마다 보이는 게 다 이런 것들이다. 날씬해지려면 이 보충제를 먹어야 하고, 힙해지려면 이 새로운 청바지를 입어야 하며, 최신 유행을 알려면 이 새로운 노래를 들어야 한다. 이들은 광고하는 것만큼 쉽게 실현되지 않는 결과에 초점을 맞추고 있다.

결과에 대한 집착을 버려야 한다.

완전히 미친 소리처럼 들리겠지만 사실이다. 결과가 중요하지 않다는 게 아니다. 물론 중요하다. 나도 삶의 순간순간마다 이루고 싶은 결과가 많다. 내가 하고 싶은 말은 결과에 대한 집착이 우리가 추구하는 결과를 실제로 달성하는 능력을 손상시켰다는 것이다. 그러니까 대신 과정에 전념해야 한다. 그렇게 하면 오랜 시간이 지난 뒤에야 알아차릴 수 있는 기술이 개발될 것이다. 그리고 그 기술은 여러분이 자신의 길을 가는 데 도움이 된다.

〈베스트 키드〉 제작 과정에 참여했던 것과 승진에 대한 비현실적인 기대 때문에 희망을 잃었던 일을 살펴보자. 조금 시간이 지나 관점이 넓어지자, 그 일을 완전히 새로운 시각으로 바라볼 수 있게 되었다. 사실 승진을 원하고 기대하긴 했지만, 오로지 승진(결과)을 위해서만 그 영화를 열심히 준비한 건 아니다. 일 자체에 대한 애정(과정) 때문에 열심히 일했다.

영화 제작을 위해 많은 힘을 쏟았고, 근무 시간도 말도 안 되게 길었다. 하지만 새벽 1시에 사무실에 있다고 화가 나지는 않았다. 나는 프로젝트에 전념했고 영화를 성공시키기 위해 필요한 일은 뭐든지 다 할 의향이 있었다. 내 앞에 놓인 일에 최선을 다하면서 탁월한 성과를 올리려고 노력했다. 하루 24시간 내내 모든 것을 바칠 것이라는 데 의심의 여지가 없었다. 그게 내 과정이었고 거기에 온통 집중하고 있었기 때문에 일을 즐길 수 있었다.

그러다가 승진을 못하게 되자 일시적으로 옆길로 빠졌다. 하지만 다시 일어서기까지 그리 오래 걸리지 않았고, 그 영화를 만들면서 익힌 모든 기술을 더 크고 더 좋은 일을 하는 데 사용했다. 결국 독립해서 프랭클린 엔터테인먼트라는 제작사를 설립하여 직접 영화를 구상하고 제작하기 시작하면서, 〈베스트 키드〉를 만들었던 경험이 내 회사를 성공적으로 운영할 수 있도록 날 준비시켰다는 걸 깨닫게 되었다. 이제 내가 뭘 해야 하는지 알았기 때문이다. 결국 과정에 집중하기 위한 노력 덕분에 미래에 더 큰 결과와 전반적인 성공을 얻을 수 있었다.

과정을 완벽하게 다듬자

때로 결과를 얻기 힘들 수도 있지만, 여러분이 현재 경력의 어느 지점에 있든 상관없이 지금 당장이라도 일하는 과정에 여러 가지 긍정적인 변화를 줄 수 있다. 내가 추천하는 조정 방안 중 하나는 다른 사람이 한 실수뿐만 아니라 본인의 실수도 분석해서 거기서 교훈을 얻는 것이다. 성공한 기업가와 비즈니스 리더들은 모두 이 방법을 사용한다. 우리가 때로 비틀거리기도 하고 상황을 잘못 판단하기도 하는 건 어쩔 수 없는 일이다. 그러나 자기 분야에서 최고의 자리에 오른 이들은 과거의 실수에서 교훈을 찾았고, 이를 앞으로 더 나은 결정을 내리는 데 사용했다. 더 좋은 건, 그들의 지혜를 가치 있는 조언으로 승화시킬 수 있다는 것이다.

물론 과거의 실수를 통해 지식이나 통찰력을 얻는 건 어려운 일이다. 그럼에도 아무리 완벽한 사람이라도 실수는 필연적으로 일어나게 마련이므로 자책하기보다는 실수를 과정의 중요한 일부분으로 간주하자. 실수는 엄청난 힘을 안겨줄 수도 있다. 실수는 여러분의 이익에 반하는 게 아니라 이익에 도움이 된다. 비즈니스 전문가인 레이 달리오(Ray Dalio)는 실수를 평가받을 준비가 된 '증거의 본체'라고 부른다. 부정적인 실수도 프로세스를 강화하기 위해 사용하는 법을 배우면 긍정적으로 바뀔 수 있다. 실수를 통해 배우려면 다음과 같이 자문해 보자.

- 지금 일하는 직장에서 내가 저지른 가장 심각한 실수 3개는 무엇인가?
- 이 실수들 각각에서 무엇을 얻을 수 있을까?
- 이 교훈을 어떻게 활용하면 다시는 이런 실수를 저지르지 않을 수 있을까?

과거의 실수를 통해 성장하는 건 프로세스를 개선하는 한 가지 방법일 뿐이다. 생산성은 또 다른 문제다. 여러분은 언제 생산성이 가장 높은가? 예를 들어, 시프트 미디어(Sift Media)의 설립자 겸 CEO인 저드 보우만(Jud Bowman)은 〈Inc.〉지가 Inc. 5000

목록에 포함된 최고 경영자들을 대상으로 설문조사를 하면서 그들에게 가장 도움이 되는 의식 절차나 팁이 뭐냐고 물어보자 이렇게 대답했다. "몇 년 전에 나는 장거리 비행을 할 때 놀랄 만큼 많은 양의 업무를 처리한다는 걸 알았다. …… 그래서 지금은 집중해서 많은 일을 하고 싶을 때마다 이 '비행기 모드'를 재현하려고 노력한다."

보다시피 이건 아주 작은 변화지만 저드에게는 분명 큰 결과를 안겨줬다. 이 사례의 가장 중요한 특징은 저드가 자신의 프로세스가 언제 가장 잘 작동하는지 알아차리고, 그 후 자기 삶의 다른 부분에서 그 상황을 재현했다는 것이다. 우리는 항상 극도로 바쁘게 살면서 수많은 마감과 의무를 지키려고 노력한다. 그래서 일할 땐 집중해야 한다는 사실을 잊고 있다. 정신이 산만해지는 걸 막고 각각의 작업이나 프로젝트에 최선을 다해야 한다. 그건 저드처럼 성취도가 높은 사람에게도 차이를 만든다. 이 교훈을 얻은 그는 다시는 산만한 환경에서 일하는 실수를 저지르지 않을 것이다.

여러분의 프로세스는 본인의 특정한 강점과 목표, 자신을 향상시키기 위해 어떻게 준비할 건지, 일은 어떻게 처리하는지, 어떤 주에 얼마나 열심히 그리고 얼마나 오래 일할 건지, 리더의 경우 회사를 어떻게 운영하고 직원들과 어떻게 상호작용할 것인지 등에 맞게 조정될 수 있고 또 그래야만 한다. 여러분의 프로세스는 수많은 목표와 업무로 이루어지겠지만, 전부 측정 가능한 것이어야 한다어떤 일에 숙달되기 위해 시간을 얼마나 더 투자하기로 했는지, 새로운 기술을 습득하기 위해 얼마나 많은 책을 읽을 건지, 경력을 발전시키기 위해 일주일 동안 얼마나 많은 사람들과 인맥을 쌓을 건지 등. 모두 기대치 조정부터 시작되는 것이다.

프로세스에 포함되는 것들은 전부 여러분의 행동을 바꾸거나 새로운 정보 또는 전문 지식을 찾아내는 등의 방법으로 통제할 수 있어야 한다. 그리고 성공을 위한 과정은 여러분이 성장하고 발전함에 따라 계속 검토하고 조정해야 한다. 프로세스를 고수하는 것 외에 또 하나 프로세스에서 가장 중요한 측면은 유연하게 접근하는 것이다. 정적인 프로세스는 진행 상황과 결과, 얻을 수 있는 새로운 책임, 기술, 자산을 바탕으로 계속 조정하는 프로세스만큼 강력하지 않다. 프로세스는 여러분 그리고 여러분의 경력과 함께 성장해야 한다.

자신에게 물어보자.

- 집중력과 생산성을 높이는 데 도움이 되는 시간대나 장소가 있는가?
- 내 직업적 과정을 방해하는 3가지 방해 요소는 무엇일까? 이를 완전히 제거하거나 최소한으로 줄일 수 있는 방법이

기대하지 마라

있을까?

- 어떻게 하면 팀의 일원으로서, 혹은 업무 전반에서 효과적으로 일할 수 있을까?
- 상사에게 업무 프로세스를 한 가지 개선하자고 설득할 수 있다면 어떤 걸 추천하고 싶고, 그 이유는 무엇인가? 어떻게 하면 이 제안을 가장 성공적으로 전달할 수 있을까?

✅ 기대 체크리스트

1. 직업과 관련된 기대치가 5가지 있다면 무엇인가? 그다음 5가지를 가장 중요한 것부터 덜 중요한 것까지 중요도나 가중치 순으로 나열해 보자.

2. 자신의 경력에 대해 생각해 보자. 지금 느끼는 불만 중에 실제로 이룬 발전과 관련된 불만보다 이 시점에 본인이 있으리라고 기대했던 위치와 관련된 것이 있는가?

3. 매일 활용하는 업무 관련 프로세스 중에서 업그레이드가 가능한 3가지 항목은 무엇인가? (ex. 일찍 잠자리에 들거나, 식사를 더 잘 하거나, 자기 업무 분야와 관련된 책을 많이 읽는 것 등이 있다.)

4. 직업과 관련해, 기대하던 목표를 달성하긴 했지만 여전히 만족스럽지 못한 부분이 있는가? 여러분은 지금 성공이나 성취에 대한 일반적인 정의에만 의존하고 있는데, 좀 더 깊이 파고들면 더 많은 시간이나 자유, 인생의 의미처럼 개인적으로 갈망하는 것들을 찾을 수 있을까?

기대하지 마라

13장

목표 수정

행복해지고 싶다면 생각을 지배하고 에너지를 해방시키며
희망을 불러일으키는 목표를 세우자.

앤드류 카네기(Andrew Carnegie) 기업인

_____

성공은 가치 있는 목표나 이상을 점진적으로 실현하는 것이다.

얼 나이팅게일(Earl Nightingale) 자기계발전문가 조종사들이 배우는 비행에 대한 교훈은 우리 인생에도 그대로 적용된다. 이를 60-1 법칙이라고 하는데, 비행 좌표가 1도만 틀려도 60마일 비행한 뒤에는 원래 항로에서 1마일씩 벗어나게 된다는 것이다. 이는 별거 아닌 것처럼 보일 수도 있지만, 프로그래머이자 기업가인 앤톤 라운디(Antone Roundy)가 계산한 내용을 살펴보자.

- 샌프란시스코에서 LA까지 비행할 경우, 목적지에서 6마일이나 떨어진 곳에 도착하게 된다.
- 샌프란시스코에서 워싱턴 DC까지 가는 경우에는 42.6마일이나 떨어진 볼티모어 반대편에 다다르게 된다.
- 로켓을 타고 달까지 가는 경우, 4,169마일 정도 벗어나게 된다.
- 태양을 향해 가다 보면 태양에서 160만 마일 이상 떨어진 곳으로 향하게 될 것이다.
- 가장 가까운 항성으로 여행을 가면 4,410억 마일 이상 항로를 이탈하게 된다.

단 1도만 잘못돼도 얼마나 엄청난 차이가 생기는지 알겠는가? 이제 이 아이디어를 여러분의 목표에 적용해 보자. 여러분이 목표를 향해 나아갈 때, 추구하는 목표를 제대로 정해놓지 않으면 인생 궤적이 완전히 어긋날 수 있다. 불안정한 기대치에 근거한 목표는 효과가 없을 것이다.

확정되지 않은 기대치가 너무 많으면, 겉으로만 좋아 보이고 실제로는 그렇지 않은 가짜 목표를 세우게 된다.

현실적인 목표를 세우자

20대 초반에 고모할머니들과 함께 로스앤젤레스 시내에 있는 산티 앨리(Santee Alley)에 갔던 기억이 난다. 흔히 '더 앨리'라고 부르는 이곳은 LA에서 디자이너가 만든 옷을 저렴하게 구입할 수 있는 곳이자, 당시에는 가짜 명품 시계를 파는 곳이기도 했다. 당시 대학생이던 나는 꿈에 그리던 롤렉스(Rolex) 시계를 살 돈이 없어서, 더 앨리에 가서 100달러도 안 하는 가짜를 샀다. 그걸 차면 다른 사람들 눈에는 진짜처럼 보였을 것이다. 물론 좀 더 자세히 들여다보면 가짜라는 걸 알겠지만 말이다. 그게 바로 가짜 목표가 작동하는 방식이다. 언뜻 보기엔 타당해 보이지만, 더 자세히 살펴보면 진짜가 아니라는 걸 알 수 있다. 그건 잘못된 기대에서 나온 목표다.

단지 남들에게 부를 과시하면서 본인의 가치를 높이려 했던 것이다. 롤렉스 시계를 차면 '아, 저 사람은 명품 시계를 찼네, 부자인가보다.'라고 생각할 거라 기대를 하면서 말이다. 여러분이 뭔가를 기대할 때는 그걸 이루기 위한 목표를 세운다. 기대는 목표를 만들고, 목표는 다시 기대를 만든다. 여러분의 목표를 기대치와 적절하게 맞추는 게 중요하다. 그것이 성취감을 느끼는 삶을 살기 위한 중요한 요소다.

자기가 가짜 목표를 좇고 있는 건 아닌지 어떻게 알 수 있을까? 자신의 목표와 연결된 기대치를 분석해야 한다. 그러려면 자기 목표가 어떤 기분을 안겨주는지에 집중하자. 나는 정해진 기대치와 연결된 목표가 우리에게 활력을 주고 침체기에도 동기 부여해줄 것이라고 믿는다. 하지만 여러분의 목표가 기분을 나아지게 하는 게 아니라 오히려 나쁘게 만든다면 문제가 있다. 돌이켜보면 나도 삶의 여러 순간에 비현실적인 기대 때문에 가짜 목표를 만든 적이 있다는 걸 깨달았다. 가짜 목표를 세울 때마다, 그 나름대로는 꽤 괜찮은 목표였지만 그래도 종종 불만을 느꼈다.

예를 들어, 2019년 2월에 내 네 번째 책인 『남자에 관한 진실』이 출간되었을 때도 책에 대한 기대가 꽤 높았기 때문에 그걸 바탕으로 목표를 세웠다. 이 책이 지금까지 펴낸 책 가운데 가장 큰 성공을 거둬서 〈뉴욕 타임스〉 베스트셀러 목록에 오르기를 바랐다. 그래서 스스로에게 다짐했다.

'이 책을 꼭 성공시키고 말 거야. 그러려면 밖에 나가서 무슨 일이든 해야 돼.'

홍보 캠페인은 순조로운 출발을 보였고, 책이 발간되기 전에 사전 예약한 사람들도 꽤 많았다. 출판사부터 책 구매자까지 나와 내 메시지를 믿고 응원해준 모든 분들에게 감사하면서, 내가 쓴 글에 마음이 움직이기를 바랐다.

나는 라디오와 TV, 디지털 매체와 인쇄 매체 등 나를 불러주는 크고 작은 매체에서 거의 100번 가까이 인터뷰를 했다. 6개월 동안 나 자신을 가차 없이 몰아붙였다. 같은 해 4월에는 내가 제작한 영화 〈브레이크스루(Breakthrough)〉가 개봉되었다. 책을 홍보하다가 영화 시사회장으로 직행했고, 어떤 행사에서는 두 가지를 동시에 홍보하기도 했다. 당시에는 '자, 자, 자, 움직여, 움직이라고! 난 미스터 퍼펙트야. 지금 멈출 수는 없어. 어떻게든 히트시켜야 돼!' 같은 기분으로 움직였던 것 같다.

이런 마음가짐이 내게 큰 타격을 주고 있었지만, 피해가 얼마나 큰지 미처 깨닫지 못했다. 영화를 위한 언론 홍보를 시작했을 때, 1월과 4월의 내 모습은 눈에 띄게 달라져 있었다. 부은 얼굴에서는 심한 피로의 증거가 드러났다. 열심히 하지 않으면 결코 목표를 이룰 수 없다는 생각으로 뼈 빠지게 일하느라 너무 피곤했다.

남들 눈에도 내가 느끼는 부담감이 훤히 보였나 보다. LA에서 열린 〈브레이크스루〉 시사회에서 친한 친구이자 멘토인 엘리자베스 캔틸론(Elizabeth Cantillon)이 다가왔다. 그녀는 날 옆으로 데

려가서 영화 개봉을 축하해준 뒤 깊은 우려를 표했다. "데본, 일하는 속도를 좀 줄여야 해요." 그녀는 이렇게 말했다. "일을 지나치게 열심히 하잖아요. 얼굴 곳곳에서 보여요."

엘리자베스에 대한 깊은 존경심에도 불구하고, 또 당시 부인할 수 없을 만큼 피곤했음에도 불구하고 그녀 말의 중요성을 인정하지 않았다. 판매 목표에 대한 기대치가 높아서 너무 몰입해 있었던 탓이다. 내 성격상 늘 그랬듯이, 무슨 일이 있어도 그 목표를 달성할 생각이었다. 그래서 출판일이 한참 지나 책 홍보를 위해 내가 할 수 있는 일이 더 이상 없어질 때까지 계속해서 밀어붙였다.

그 책이 많이 팔리긴 했지만 목표치를 달성하지 못했으며 〈뉴욕 타임스〉 베스트셀러 목록에도 오르지 못했다. 결과는 내 기대나 엄청난 노력과 부합하지 않았기에 실패자가 된 듯한 기분을 느꼈다.

여러분도 이런 기분을 느껴본 적이 있는가? 글쎄, 여러분도 나와 비슷한 부류의 사람이라면 이 감정을 받아들이기 힘들 것이다. 열심히 하면 원하는 결과를 얻을 수 있다고 믿었다. 나는 지금도 열심히 일하는 게 중요하다고 생각하지만, 일 그 자체는 피로 외에는 아무것도 보장해주지 않는다는 걸 힘들게 배웠다. 현명하게 일하기보다 열심히만 하다가 결국 지치는 사람들이 정말 많다. 현명하게 일한다는 것은 정해진 기대치를 바탕으로 목표를 세우고, 적절한 노동력을 이용해 목표를 달성하려고 노력하는 것이다.

책과 영화 홍보를 하는 동안, 무의식중에 자신의 가치를 완벽하게 달성한 결과와 동일시하던 예전의 미스터 퍼펙트 같은 역할에 다시 빠져들었다. 하지만 이번에는 내 결과가 '완벽'하지 않았다. 기대했던 것만큼 좋지도 않았다. 한동안 기분이 우울했다. 내 기대는 비현실적이었고 내가 가짜 목표를 세우도록 유도했다. 이제 내 눈에 보이는 건 목표를 달성하지 못했다는 사실뿐이다. 나는 부정적인 혼잣말을 하기 시작했다.

'이봐, 데본, 넌 그럴 만한 능력이 없어. 넌 네 생각만큼 성공하지 못했어. 네 목소리는 원하는 것만큼 두드러지지 않아. 넌 자기가 원하는 만큼의 영향력이 없어. 넌 그런 사람이 못 된다고.'

몇 달 동안 홍보 활동을 하다가 집에 돌아오자, 마침내 절실히 필요했던 휴식을 취할 수 있었다. 그제야 비로소 엘리자베스가 말했던 극도의 피로가 몰려오는 걸 느낄 수 있었다. '난 지쳤어. 계속 이렇게 달릴 수는 없어. 뭔가 달라져야 해. 난 도움이 필요해'라는 생각과 함께 명상의 시간을 가졌다.

나는 스스로에 대해 현실적인 기대치를 설정할 필요가 있다는 걸 이해하기 시작했고, 그 생각이 이 책의 첫 번째 핵심 주제가 되었다. 이 새로운 이해의 렌즈를 통해 내 목표를 바라보자 그게 가짜라는 걸 알 수 있었다. 그리고 내가 비밀의 미스터 퍼펙트 소프트웨어를 사용하기 시작했을 때부터 계속 가짜였다는 것도 깨달았다.

책에 대한 내 목표가 왜 가짜 목표가 되었을까? 그건 내가 통제할 수 없는 것, 즉 판매 부수에 기초한 목표였기 때문이다. 우리가 통제할 수 있는 것과 없는 것에 대해서 정확히 구분해야 했다. 하지만 여기서 분명히 말할 수 있는 건, 얼마나 많은 사람들이 내 책을 살 건지는 내가 통제할 수 없는 부분이기 때문에 특정 숫자를 목표로 하는 건 비현실적이었다고 단언할 수 있다. 책이 어느 정도 성공을 거두길 바라는 게 잘못된 건 아니지만, 내 진짜 목표는 결과에 집착하는 게 아니라 과정과 관련이 있어야만 했다. 그래서 나는 우리가 원하는 결과를 얻지 못하면 자기가 하는 일과 자기 자신에 대한 자신감까지 위기에 처할 수 있다는 걸 경험으로 알고 있다.

쉬는 기간 동안 내 삶에 몇 가지 큰 변화를 줘야 한다는 걸 알았다. 나는 업그레이드가 필요한 부분이 명확해지면 바로 추진하는 스타일이다. 완벽주의 같은 비현실적인 기대를 떨쳐버리고 대신 현재의 내 모습에 감사하면서 인생에서 더 감사할 부분을 찾아내는 데 집중하는 것부터 시작했다. '원하는 사람이 되기 위해서는 그 일을 해야만 한다는 오랫동안 품어왔던 좋지 못한 믿음을 고쳤다. 이걸 난 내가 완벽하지 않다는 걸 알고 있으며, 스스로 정한 이상형이 되는 것도 원하지 않는다.' 라는 더 건

기대하지 마라

전한 믿음으로 대체했다. 그렇게 노력을 시작했고 지금도 노력하고 있으며, 성공을 위해 분투하는 내가 아니라 신이 창조한 있는 그대로의 나와 잘 지내는 법도 배우고 있다. 그리고 구체적인 도움을 받기 위해 인생 코치와 상담 치료사를 만나기 시작했다.

지금은 관점이 완전히 달라졌다. 난 팔리지 않고 남은 책이 아니라 팔린 책에 집중하기로 했다. 판매된 모든 책은 내가 삶을 개선하는 데 도움을 준 사람들을 나타낸다. 독자들은 내 책과 그것이 자신들의 삶에 미친 긍정적인 영향에 대해 끊임없이 얘기를 들려준다. 그래서 이제 그 책에 대한 감사의 마음에 집중하기로 했다. 그 책 덕분에 작가로서의 경력이 더욱 발전해서 여러분이 지금 읽고 있는 책까지 쓸 수 있게 되었는데, 이 책에는 여러분의 삶을 변화시킬 힘이 담겨 있다고 생각한다. 같은 저자가 쓴 또 다른 책이고 이번에도 판매 수치가 누적되겠지만, 가짜 목표로 인해 생긴 왜곡된 시각 없이 바라본 덕에 책을 완전히 다르게 이해하게 되었고, 이 책을 출간하면서 느낀 개인적인 만족감도 전과는 차원이 다르다.

지금 불만족스러운가? 그건 여러분이 가짜 목표를 가지고 있거나 목표가 실현될 것이라는 믿음을 잃고 있다는 좋은 신호다. 진정한 목표는 그걸 달성하려는 동기뿐만 아니라 목표를 끝까지 추진하기 위해 필요한 훈련을 할 수 있는 동기도 부여해야 한다. 목표에 대해 생각할 때 기분이 좋지 않다면 가짜 목표를 가지고 있는 것이다.

　이런 사람이 나 혼자만은 아니라는 것도 안다. 그래서 사람들은 몇 년 동안 노력해왔던 목표를 성취한 후 느끼는 공허함을 자주 토로한다. 젊은 시절에 영화 스튜디오 임원으로 일했던 나도 그런 일을 겪어봤다. 내가 품었던 또 다른 강박적인 목표 중 하나는 서른 살까지 제작 부사장이 되는 것이었지만, 그런 일은 일어나지 않았다. 나중에 결국 승진해서 그 직함을 얻게 되었을 때, 기쁨과 흥분은 단 며칠간만 지속되었고 이내 다음과 같은 생각이 뒤따랐다. '이게 다야?'

　나는 그 직함이 의미와 성취감을 안겨줄 것이라고 기대하는 실수를 저질렀다. 내 생각이 틀렸다. 그건 가짜 목표였다. 비현실적인 기대를 바탕으로 세운 목표인 것이다. '부사장으로 승진하면 더 중요한 인물처럼 느껴질 테고, 내가 대단한 사람이 된 듯한 기분이 들 거야.'

　결국 어떤 직함도 나를 만족시키지 못한다는 깨달음만 얻었다. 외부의 어떤 것 또는 어떤 사람을 통해 성취감을 구하기보다 내 안의 성취감부터 먼저 찾아야 했다.

　진정한 목표를 세우기 위해, 내가 달성하려는 목표를 세운 '이유'를 더 깊이 파고들기 시작했다. 박스오피스 숫자와 책 판매량이라는 표면적인 성취를 넘어, 애초에 그런 영화와 책을 만들게 된 동기가 무엇인지 생각한 것이다. 그 결과 내 인생의 진정한 주요 목표 중 하나이자 진정으로 날 움직이는 목표는 최대한 다양한 방법으로 다른 이들에게 영감을 주고 정신을 고양시키는 것임을 알게 되었다. 이렇게 내 목표를 명확히 알게 되자 모든 기대치를 그에 맞춰 설정하는 데 도움이 됐다. 그리고 내 프로세스와 목표가 이런 기대에 부합하도록 매일 노력한다. 그 결과, 직장 생활뿐만 아니라 그 결과물에도 훨씬 더 만족하게 되었다.

이렇게 기대뿐만 아니라 목표도 분석해야 한다. 그게 정말 본인이 선택한 것인지 확인하고 그렇지 않은 건 아무리 노력해도 비현실적일 수밖에 없는 목표와 함께 놓아버리자. 우선 가짜 목표를 그냥 놓아버리는 것부터 시작하자. 그리고 자신에게 물어보자.

- 중요한 목표라고 생각한 일을 이루고도 허탈감과 허무함을 느낀 적이 있는가?
- 과거를 돌이켜보면, 가짜 목표를 추구한 적이 있다는 걸 알 수 있는가?
- 반대로, 내가 이룬 목표 가운데 인생의 더 큰 목적과 부합한다는 사실이 입증된 건 무엇일까? 그런 목표를 더 많이 세울 수 있을까?

인생의 GPS 시스템 설정

가짜 목표의 출처는 다양하지만, 가장 흔한 건 역시 가족이나 친구가 여러분에게 거는 기대다. 여러분은 그걸 받아들였고, 그 결과 자신의 진정한 소명이 아닌 다른 인생 경로를 추구하게 되었다. 여러분은 부모님을 행복하게 하려고, 혹은 친구들에게 인정이나 칭찬을 받으려고 그 기대를 받아들였을지도 모른다.

여러분이 어떤 사람이 되어야 하는지에 대한 다른 사람의 기대를 아무 의문 없이 받아들였고 그 기대에 어울리는 삶을 선택했다면, 여러분은 자기가 창조된 목적과는 전혀 다른 삶의 목적지를 설정했을 가능성이 높다. 마치 GPS 앱을 이용해 어딘가를 찾아갈 때처럼 말이다. 주소를 잘못 입력하면 앱은 잘못된 위치로 안내한다. 인생도 마찬가지다. 남들이 가라고 하는 곳으로 갈 수 있을지도 모르지만, 그게 정말 여러분이 원하는 곳인가? 자기 인생에 이런 일이 일어났는지 확인하고 최대한 빨리 방향을 수정하는 건 여러분에게 달려 있다.

다음은 경로 수정을 시작하는 데 도움이 되는 질문들이다.

- 이 목표를 추구하는 건 나를 위해서인가, 아니면 가족(또는 다른 사람)에게 내가 성공했다는 걸 증명하기 위해서인가?
- 만약 내가 '성공'해서 이 목표를 달성한다면, 나는 누구의 꿈을 이룬 것인가?

기대하지 마라

- 이 목표 성취가 내게 무엇을 가져다 줄 것이라고 생각하는가?
- 부정적인 결과가 생기지만 않는다면, 내가 정말 하고 싶은 일은 무엇인가?

이 질문에 정직하게 대답하면 자신의 삶을 올바른 방향으로 재정립하고, 가야 할 곳을 향해 나아가기 위한 강력한 발걸음을 내딛게 될 것이다. 다른 사람이 여러분을 위해 선택한 삶이 아니라 자기가 직접 정한 삶을 살아가는 것이다.

여기서 하나 주의할 게 있으니, 반발에 대비해야 한다. 우리는 모두 통제 욕구와 씨름하는데, 우리가 통제하려고 하는 주요 대상 중 하나는 다른 사람들이다. 하지만 우리가 다른 사람들을 통제할 수 없는 것처럼 그들도 우리를 통제할 수 없다.

목표를 달성하고 행복을 얻기 위해 스스로를 책임지는 건 우리 자신에게 달렸고, 주변 사람들도 그렇게 할 수 있도록 존중해 줘야 한다.

더 이상 다른 사람이 여러분을 위해 정한 목표에 따라 살지 않겠다고 결심하면, 그들은 여러분에게 이의를 제기하거나 위협하거나 깊은 실망감을 드러낼 수도 있다. 하지만 그들은 여러분이 가고자 하는 길에서 여러분이 본 것을 보지 못한다. 그리고 솔직히 말해서, 아직 이런 식으로 가족이나 친구들과 맞설 용기가 없다면, 여러분은 마음속 깊은 곳에서 자신의 길을 선택할 때 생길 수 있는 갈등을 피하고 있는 것이다.

물론 아끼는 이들을 실망시키지 않으려고 애쓰는 건 이해할 수 있다. 하지만 스스로를 옹호해야 한다는 생각에 고심하고 있다면, 자신에게 이렇게 말해야 한다. '그들이 기대하는 일을 하지 않는다면 그들을 실망시키게 될 텐데, 그러고 싶지는 않다. 하지만 그들을 실망시키지 않으려고 매일 나 자신을 실망시킨다면, 정말 그렇게 살 수 있을까?' 스스로를 실망시키면서 평생 자유롭게 살지 못할 바에는 차라리 다른 사람을 실망시키더라도 자신에게는 진실해지는 편이 낫다.

충족되지 않은 삶보다 더 실망스러운 건 없다.

당연한 얘기지만, 자신의 행복보다 다른 사람과 그들이 여러분에게 거는 기대를 우선시할 수 있다는 건 환상에 불과하다. 결국 자신의 진정한 목표를 억압하면 남을 원망하게 되거나, 앞서 얘기한 부정적이고 자기 파괴적인 행동을 하게 될지도 모른다.

자기가 가짜 목표를 세우거나 다른 사람에게 비현실적인 기대를 걸고 있다는 사실을 깨달은 이들을 위해 잠깐 얘기하겠다. 여러분은 그런 일을 당장 그만둘 수 있다. 여러분이 애정을 갖고 통제하려고 했던 사람은 여러분이 자기를 압박하고 있다는 사실이나 자기가 여러분을 기쁘게 하고 원하는 것에 부응해야 한다는 부담감을 느끼고 있다는 사실을 깨닫지 못할 수도 있다.

기대하지 마라

그 사람은 친한 친구일 수도 있고, 자녀나 배우자, 가족일 수도 있다. 그게 누군지 본인은 알 것이다. 그들이 자유롭게 살도록 놔두자. 그들이 여러분을 실망시켜도 괜찮다. 그건 그들의 삶이니까.

이건 고용주에게도 해당된다. 여러분이 직원들에게 급여를 지급하고 그들의 성과에 대한 기대도 갖고 있겠지만, 여러분은 그들의 신이 아니며 그들에게 가장 좋은 게 뭔지 항상 알 수는 없다. 그들이 자기가 누구고, 어떤 일을 하도록 창조되었는지 탐구할 수 있는 자유를 주자. 그리고 모든 단계마다 그들을 지원해 줬으면 좋겠다. 만약 그들이 여러분 마음에 들지 않는 행동을 한다면, 비판하기보다는 그들을 위해 기도하자. 여러분이 통제하려던 모든 이들을 자유롭게 살게 놔두라고 강력히 권하는 바다.

인생은 살아가기 위한 것이다

다른 누구도 아닌 자신에게 진실한 목표를 세운 강력한 예가 바로 힙합계의 선구자이자 성공한 가수 겸 작곡가인 로린 힐(Lauryn Hill)이다. 그녀는 푸지스(The Fugees)라는 그룹의 일원으로 엄청난 성공을 거두었고, 특히 1998년에 나온 데뷔 솔로 앨범 〈미스에듀케이션 오브 로린 힐(The Miseucation of Lauryn Hill)〉

은 전 세계적으로 1,900만 장 이상 팔렸다. 하지만 그녀는 20년 이상 다른 앨범을 발매하지 않았다.

로린은 2018년 8월 말에 〈미디엄(Medium)〉에 실린 개인적인 에세이에서, 일찍 성공을 거둔 이후로 사람들이 자신에게 건 기대가 어떤 영향을 미쳤는지 인정했다. 그녀는 신뢰할 수 있는 팝 아이콘으로서의 길이 아닌 다른 길을 선택해 팬들을 실망시킨 것에 사과하기보다는, 자신의 창의성이나 생산성에 대한 다른 사람들의 기대에서 벗어나 살아갈 수 있는 권리에 놀라운 자신감을 드러냈다. 그녀는 자기만의 기대치를 정하고, 스스로 목표를 결정하며, 언제나 영원히 원하는 삶의 방향으로 나아갈 자유가 있다고 선언했다. "나에 대해 잘 모르는 사람들이 가지고 있는 생각에 얽매이거나 고정되는 걸 거부한다. 내 인생의 한 챕터에서 있었던 곳에 다음 챕터에도 반드시 있을 필요는 없다. 인생은 내가 살아가는 것이지, 다른 사람을 위한 풀타임 공연이 아니다."

이보다 진실한 말은 지금까지 들어본 적이 없다. 아무도 여러분에 대해 비판적인 말을 하지 못하도록 안전한 목표만 세우고 다른 사람들이 승인해준 결정만 내리면서 수동적으로 살 수는 없다. 인생은 자기가 살아가는 것이다. 여러분의 목표는 자기만의 진솔하고 의미 있는 다음 챕터를 향해 나아가도록 힘을 실어주는 돛이어야 한다.

지금 여러분 주위에는 항상 여러분의 생각을 거부하거나 여러분이 어떤 일을 해서는 안 되는 이유를 주장하는 사람이 적어도 한 명은 있을 것이다. 자신에게 물어보자.

- 가족이나 친구에게서 지속적으로 받은 부정적인 피드백 때문에 직장 생활에 큰 변화를 주는 게 두려운가?
- 내가 원하는 삶을 살기 위해서는 어떤 목표를 세워야 할까?

전례없는 상황이 오면 단기적인 목표로 수정하자

실제적인 경력 목표를 세우려고 할 때, 우리들 대부분은 그 목표를 달성하기까지 시간이 얼마나 걸릴지에 대해서는 잘 모른다. 앞서 얘기한 가상 승진의 경우, 내일 일어나길 기도해도 몇 년 동안 일어나지 않을 수도 있다. 일을 마치는 데 예상한 것보다 더 오랜 시간이 걸리는 현상을 뜻하는 호프스태터의 법칙(Hofstadter's Law)에 따르면, "항상 예상보다 오래 걸린다."

현재는 지금이고, 미래는 언젠가 다가올 때이다. 원하는 때를 얻으려면 자신이 통제할 수 있는 지금 이 순간을 최대한 활용해야 한다. 괜찮은 분야에서 일하고 있고 또 자기가 하는 일에 재능이 있어서 진로에 대한 현실적인 기대를 세울 수 있을 만큼 축복받은 사람도 그 목표 달성을 위한 정확한 시간대를 조절하지는 못한다. 그러니 불가능한 일정을 세워서 현실적인 목표를 비현실적으로 만들지는 말자.

그보다 자신의 직업적인 목표를 달성하거나 최소한 가시적인 개선점을 찾는 데 보통 시간이 얼마나 걸리는지 정확한 정보를 알아보자. 목표 달성을 위한 일정 관리를 시작할 수 있는 좋은 방법은 자신에게 다음과 같은 질문을 던져보는 것이다.

- 나의 가장 큰 직업적 목표는 무엇이고, 언제 그것을 달성할 것으로 예상하는가?
- 단기적인 직업적 목표는 무엇이며, 언제 그것을 달성할 것으로 예상하는가?
- 내 기대는 현실적일까? 이 목표를 정하기까지 어떤 조사를 했는가?
- 이 목표를 달성하는 데 예상보다 시간이 훨씬 오래 걸리더라도 이 목표가 여전히 나한테 의미가 있을까?

또 2020년의 전례 없는 팬데믹 같은 혼란이 닥칠 때마다 직업 경력이나 기업가로서의 꿈이 일시적으로 배제될 수 있다는 걸 기억해야 한다. 해고를 당하거나 폐업을 해야 하는 상황에 처한다면 자신을 관대하게 대하자. 여러분이 가장 먼저 해야 할 일은 감정을 최대한 가라앉히고 자기가 경험한 상실의 고통을 처리하는 것이다. 자신의 감정을 돌본 뒤, 이제 삶과 경력을 재건하기 위해 무엇을 할 수 있는지 평가할 수 있다.

이렇게 규칙적인 삶이 무너지는 것은 지금까지 집중할 시간이 없었던 더 작고 단기적인 목표로 관심을 옮길 좋은 기회가 될 수 있다. 이력서의 먼지를 털어내고 다듬는 것만으로도 올바른 방향으로 나아가기 위한 생산적인 단계가 될 수 있다. 전체적인 재건에는 몇 년이 걸릴 수도 있다. 그래도 괜찮다. 상황이 여러분이 원하는 상태로 돌아가는 시기를 마음대로 정할 수는 없지만, 목표 지점에 도달하기 위해 지금 하는 일들은 통제할 수 있다는 걸 기억하자.

목표를 달성하는 비결

기가 꺾이지 않을 정도로 적당한 부담만 안겨주면서 정신적으로 고양시킬 수 있는 목표를 세우자. 그것이 희망과 행복, 평화를 느낄 수 있는 열쇠다.

여러분이 안전한 목표만 세우는 건 바라지 않는다. 자신에게 활력과 기대를 안겨주는 직업적 목표를 정하기를 바란다. 하지만 이미 얘기한 것처럼 비현실적인 기대와 가짜 목표는 불행의 큰 원인인데 대개의 경우 쉽게 피할 수 있다. 그러니 직업적인 목표를 세우고 그 목표를 향해 나아가기 전에, 이 목표와 관련된 기대치 중 너무 높거나 낮거나 적절한 게 무엇인지 확인해 보자.

나는 모든 목표를 평가할 때 '이 목표가 너무 높은가?'라는 중요한 질문을 던져본다. 그러니까 내가 아무리 열심히 노력하고 아무리 많은 도움을 받아도 원하는 목표를 이루는 게 불가능한지 따져본다는 얘기다. 혹은 가능성이 너무 낮아서 아예 그 일이 일어나지 않을 수도 있을까? 그럴 때는 스스로에게 이렇게 상기시킨다. '넌 실패를 준비하고 있는 거야. 그리고 이것 대신에 전념하면 실제로 네 삶을 향상시킬 수 있는 진짜 목표에 쏟아야 할 시간과 에너지를 잠재적으로 빼앗고 있는 거야.'

약간 무리하더라도 자기가 통제할 수 있는 목표를 정해야 한다. 그리고 목표가 결실을 맺을 가능성을 높이기 위해 자기 목표에 대해 얘기를 나눠야 하는 사람이 있는지 자문해 보자. 그런 다음 관심을 목표 그 자체에서 진행 과정으로 옮겨서, 목표가 달성될 때까지 과정에 집중한다. 목표 달성을 위해 어떤 게 효과적이고 어떤 게 효과가 없는지에 대한 새로운 정보를 얻으면서 계속 프로세스를 조정하고 개선해야 한다. 나는 목표를 이루기 위해 늘 이런 단계를 활용했다. 더 현실적인 목표를 세울수록 달성할 가능성이 커진다. 이 방식에는 비관적인 부분이 없으므로, 낙관적이면서 동시에 현실적이 될 수 있다.

앞서 얘기했듯이, 어떤 직업적 목표를 달성하기 위해 어떤 선택을 하고 그 이유는 무엇인지가 명확하면 결과가 훨씬 나아질 것이다. 우리에게 동기를 부여하는 게 무엇이고 우리의 시간과 에너지, 집중력을 어디에 쏟을 것인지를 스스로 결정할 수 있다.

더 좋은 상사가 되자

직장에는 고유한 규칙이 있는데, 이를 아는 것은 경력을 성공적으로 키우는 데 있어 중요한 부분이다. 동료나 상사와 함께 직업적인 목표를 설정하고 관리해야 하는 경우가 종종 있는데, 이들 중 일부는 여러분과 목표가 비슷하고 일부는 자기들 나름의 의제가 있다. 이것이 기업 전체 차원으로 확대되면 문제는 더 복잡해진다. 하지만 동료들의 목표와 조화를 이룰 수 있는 건설적인 방법이 많다.

여러분이 리더 역할을 맡았다고 가정해 보자. 이 직책을 맡게 된 것은 다양한 경험을 통해 멀티태스킹을 하는 능력 등이 높아졌기 때문이다.

여러분 팀에는 잠재력은 대단하지만 아직 능력 개발이 덜 된 사람이 있을지도 모른다. 이런 사람들에게 여러분과 똑같은 기준을 적용한다면 그들은 당연히 실수를 저지를 수밖에 없다. 그들은 여러분 같은 기술 수준이나 경험을 가지고 있지 않다. 적절한 훈련이나 멘토링 없이 너무 많은 걸 기대하면서 목표를 높게 잡으면 동료의 잠재력을 완전히 말살하거나 어쩌면 직장에서

쫓아내게 될 수도 있다.

리더가 팀의 사기를 떨어뜨릴 수 있는 가장 빠른 방법은 팀원들이 결코 달성할 수 없는 높은 수준의 목표를 정하는 것이다.

상사가 직원이나 팀에게 명확하고 중요한 기대를 걸면 안 된다는 얘기가 아니다. 나는 날 위해 일하는 모든 이들에 대해 진지한 기대를 품고 있다. 상사가 직원에게 아무것도 기대하지 않는다면 회사는 곧 혼란에 빠지고 그 어떤 일도 이루지 못할 것이다. 그러나 이런 기대는 목표로 전환되기 전에 설정해야만 한다. 훌륭한 리더는 야심적이면서도 사기를 꺾을 정도로 힘들지 않고 충분히 달성 가능하고 목표를 세워서 팀의 역량을 확대하고 팀원 개개인의 성장을 돕는다. 이건 내가 경력을 쌓기 시작한 초반에 '완벽한' 조수를 찾아 나섰을 때 경험을 통해 배운 것이다.

이 길고 험난한 여정은 내가 소니 픽처스 엔터테인먼트의 스튜디오 임원이던 2003년에 시작됐다. 그 일을 좋아했지만, 가장 큰 어려움 중 하나는 나를 따라올 수 있는(혹은 내가 그렇다고 인정할 수 있는) 조수를 찾는 것이었다. 나는 마이클 조던이 매 경기마다 신발을 갈아 신는 것처럼 조수를 자주 바꿨다. 내가 보기에 문제는 조수들이 내가 시키는 대로 일을 제대로 해내지 못하는 것이었다. 그래서 난 금세 좌절감을 느끼면서 그들이 내가 원하는 조수 역할을 해낼 가망이 없다고 확신하며 바로 다음 후보자

면접을 보곤 했다. 이게 문제가 되었다. 나는 회사에서 가장 잠재력 있는 가장 젊은 임원 중 한 명이었지만, 조수 이직률이 가장 높은 탓에 업무 지속성이 떨어져 사람들이 나를 나쁘게 생각했다.

상사들이 나와 같이 일할 전문 코치를 데려왔다. 약간의 논의 끝에 우리는 중요한 사실을 알게 되었다. 내가 윌 스미스, 제이다 핑켓 스미스(Jada Pinkett Smith), 제니퍼 로페즈(Jennifer Lopez)를 매니지먼트하는 회사에서 인턴으로 일하면서 연예계에 발을 들여놓게 되었을 때, 매우 높은 기준과 기대를 가진 사람들 밑에서 일했다. 그곳에서는 자력으로 살아남든가 아니면 도태되든가 둘 중 하나였다. 제대로 된 업무 교육도, 주간 업무 확인도, 내게 기대하는 바에 대한 명확한 지시도 없었다. 그들은 내 감정에 신경 쓰지 않았다. 그들이 불친절했다는 얘기는 아니다. 다만 자기 업무를 완수하는 데만 철저하게 집중했고, 본인들도 많은 압박을 받고 있었다. 그래서 내가 할 일은 스스로 파악해서 빠르고 완벽하게 처리해야만 했다. 그리고 매우 빠른 속도로 일이 진행되는 환경에서 온갖 작업을 계속 반복해야만 했다.

그래도 완벽을 추구하는 내 성격 때문에 결국 그 도전을 받아들였고 성공했다. 열심히 애쓰다 보니 생각보다 더 많은 걸 이룰 수 있었다. 그리고 그때의 경험과 내가 갈고 닦은 기술이 결국 할리우드에서 성공할 수 있는 밑바탕이 되었다. 필요한 것들을 전부 혼자 힘으로 알아내서 그 시험장을 통과했다. 그래서 날 위해 일하는 사람들의 경우에도, 내가 특정한 지시를 하지 않아도 혼자 힘으로 업무를 파악하고 내게 필요한 게 뭔지 해독할 수 있어야 한다고 기대했던 것이다. 난 예전 상사들에 비해 같이 일하기 힘든 사람도 아니라고 생각했어. 그러니 뭐가 문제란 말인가?

지금 내가 가지고 있는 도구와 관점에 비춰보면, 당시 조수들에게 걸었던 기대가 비현실적이고 제대로 정해져 있지도 않았다는 걸 알 수 있다. 이런 방법으로 좋은 결과가 나올 가능성이 있는지, 혹은 내가 공정한지 분석해 보지도 않은 채, 예전에 스스로에게 부여했던 믿을 수 없을 정도로 높은 기준에 근거해서 조수들이 반드시 따라야 하는 기준을 만든 것이다. 또 기대치를 설정할 때 반드시 거쳐야 하는 또 다른 중요한 단계도 건너뛰었다. 내 기대를 조수들에게 전하지 않은 것이다. 그들이 내 기대에 부응하는 게 불가능하더라도, 적어도 내가 기대하는 바가 뭔지를 명확하게 설명해서 내 요구에 부응할 수 있는 기회를 줬어야만 했다. 당시 내 코치는 이 문제를 이렇게 진단했다. "사람은 저마다 다르기 때문에 여러분이 했던 일을 그들도 할 수 있을 거라고 기대할 수는 없다. 그러니 자신의 기대를 그들에게 투영하면 안 된다."

이렇게 간단하게 설명해주자 바로 알아들을 수 있었다. 정말 일리 있는 말이었다. 나는 내 경험을 바탕으로 현실적이지 않은 (공정하지도 않고) 기준을 세웠다. 내 개인적인 기준과 조수들이 일을 잘 처리하는 데 필요한 기준을 구별하는 법을 배워야 했다. 그렇게 하고 나니까 제대로 된 기대치를 정할 수 있었다.

첫 번째 단계는 최고의 조수에게 기대해도 되는 합리적인 선이 무엇인지 평가하고 나머지 기대는 버리는 것이었다. 그런 다음, 내가 기대하는 바를 조수에게 명확하게 전달해야 했다. 조수가 연달아 바뀌는 동안 나도 요구사항을 표현하는 기술이 늘었고 갈수록 요구도 현실적이 되어 갔다. 최근에 발생한 이직은 예전의 불안정한(그리고 불공평한) 기대와는 다른 이유 때문이었다. 그리고 소니에서 함께 일했던 조수들을 떠올리면서 현재의 더 정확해진 렌즈를 통해 그들의 성과를 다시 평가해 보니, 몇몇 조수는 실제로 훌륭한 조수였다는 걸 알 수 있었다. 당시에 기대치를 적절하게 설정하는 방법을 알았더라면, 그 조수들과 몇몇 다른 사람들도 내가 원하는 업무를 제대로 처리할 수 있었을 것이다.

내가 리더십 기술을 발전시키는 데 도움이 된 중요한 차이가 이것인데, 여러분에게도 도움이 될 것이다. 나는 지금도 개인적으로나 직업적으로나 많은 기대를 갖고 있다. 살면서 많은 것을 이루면서 세상에 긍정적인 영향을 미치고 싶고, 내가 좋아하는 일을 잘 하고 싶다. 하지만 그 기대와 목표는 내 것일 뿐, 내가 직원들에게 거는 기대와 목표가 되어서는 안 된다. 그들이 나를 위해 일을 잘하기 위해 내 목표와 기대치를 공유할 필요는 없다. 사람마다 사고 체계가 다 다르다는 걸 알게 되었다. 누군가의 업무 추진력이 나와 다르더라도, 그것 때문에 그들이 나쁜 사람이거나 나쁜 직원이 되는 건 아니다.

직원들과의 관계를 개선하는 열쇠는 먼저 자신과의 관계를 개선해서 스스로에게 더 쉽게 다가가 신중하게 기대치를 설정한 다음, 그 기대는 자신의 기대일 뿐이라는 걸 인정하는 것이다. 그게 다른 모든 사람(자기가 돈을 주고 고용한 사람이라도) 대한 사실상의 기준이 되어서도 안 된다.

내 직업적 기대와 회사의 기대를 구별하는 것은 직업적으로나 개인적으로나 매우 중요한 돌파구였다. 이 두 가지는 혼동하기 쉽다. 여러분이 자신에게 기대하는 바를 회사에서 여러분을 위해 일하는 이들에게 기대하는 것이 항상 좋은 건 아니다. 어쩌면 여러분이 그 직원들과 같은 나이였을 때는, 지금 여러분이 그들에게 하는 것처럼 옆에서 일일이 알려주지 않아도 문제를 해결할 수 있는 능력이 있었을지도 모른다. 그렇게 남다른 역량을 지니고 있었기 때문에 여러분은 지금과 같은 위치에 오른 것이다. 그런 위치까지 온 데는 다 이유가 있다. 하지만 여러분을 위해 일하는 이들이 모두 여러분 같은 능력을 지녔기를 기대하는 건 비생산적이다. 우리는 모두 다르게 만들어졌고, 그게 결과적으로 팀이 승리하는 데 도움이 된다.

마지막으로, 여러분이 상사일 때 가장 중요한 건 언제나 의사소통이라는 걸 기억하자. 여러분의 목표를 명확하게 알리고 분업 지시를 내려야 한다. 어떤 일이 바라던 만큼 빨리 진행되지 않더라도, 심한 좌절감과 불쾌감 때문에 의사소통에 방해를 받아서는 안 된다. 목표를 재조정하거나 재할당해야 하는 경우, 팀원들을 그 과정에 참여시키면 이후 어떤 일이 발생해도 목표를 달성할 가능성이 높아진다.

전에도 얘기했고 앞으로도 또 얘기할 테지만, 나는 이 분야에서 매우 많은 일을 하고 있다. 마치 내가 읽어야 할 책을 직접 쓰는 것 같은 기분이다. 이 문제를 연구하면서 이런저런 개념을 고민하다 보면, 비현실적인 직업적 기대를 포기하고 대신 현실적인 기대와 목표를 정할 수 있다. 내가 하는 모든 일을 마음 편히 받아들이고 결과에 상관없이 평화로운 기분을 유지해야 다른 사람들도 그렇게 하도록 이끌 수 있다는 사실을 늘 되새긴다. 이게 늘 쉬운 일은 아니지만, 연습을 거듭할수록 내 지나친 야심 때문에 나나 함께 일하는 모든 이들을 맥 빠지게 하는 일이 줄어들고, 실제로 일을 더 즐기면서 팀원들에게서 더 많은 걸 이끌어낼 수 있다.

✔ 기대 체크리스트

1. 현재 여러분의 인생에서 가장 큰 목표 3가지는 무엇인가? 각각의 목표에 대해 스스로에게 물어보자. 이 목표는 가짜인가? 현실적인가? 아니면 비현실적인가?

2. 여러분의 목표 중 가족이나 다른 사람이 외부에서 가하는 압력 때문에 정한 목표가 있는가? 그 목표를 본인이 정말 원하는 목표가 되도록 재구성할 방법이 있는가, 아니면 그냥 포기하는 편이 나을까?

3. 여러분의 목표는 현실적인가? 만약 아니라면, 어떤 일이 일어날 것으로 예상되는 기간을 연장하는 등의 방법을 통해 보다 현실적으로 조정할 수 있는가?

4. 목표를 이룰 수 있을지 의심스러워서 도전하는 게 두려웠던 적이 있는가? 이런 경우, 관련 수업을 듣는 등의 방법을 통해 목표를 달성할 수 있는가?

5. 여러분이 팀에 소속되어 일한다면, 그 팀이 추구하는 공동의 목표는 무엇인가? 어떻게 하면 팀워크를 쇄신해서 더 좋은 결과를 낼 수 있을까?

14장

성공하려면 기대치를
넘어서야 한다

마음을 여는 게 좋아. 속뜻을 읽을 줄 알아야 해.

알리야(Aaliyah) 가수

───────────

말하지 않은 일 때문에 생기는 불행이 매우 많다.

레오 톨스토이(Leo Tolstoy) 소설가

직장에서 성공하고 싶거나 아니면 일자리를 계속 유지하고 싶다면, 본인의 직업적 기대치만 정한다고 다 되는 게 아니다. 회사에서 봉급을 받는 이상은 회사가 여러분에게 기대하는 것도 매우 중요하므로, 그게 마음에 들지 않거나 다른 일을 하고 싶더라도 결코 무시할 수 없다.

고용주의 기대치를 이해하고 충족시킨 다음 그 이상을 달성하는 것이 경력을 빠르게 발전시켜서 성공할 수 있는 열쇠다.

이전 장에서는 더 좋은 상사가 될 수 있는 방법을 몇 가지 얘기했다. 본 장에서는 상사가 괜찮은 사람이든 아니든, 여러분이 그들을 좋아하든 말든 상관없이 상사를 잘 대할 수 있는 전략을 알려준다. 회사에서 가장 힘든 부분은 일 그 자체가 아니다. 말로 전달되지 않은 업무와 관련된 암묵적 기대다. 상사가 명확하게 얘기해주지 않는다면 어떻게 상사의 기대를 충족시키거나 초과 달성할 수 있을까? 성공하려면 무언의 소리를 듣는 법을 배워야 한다.

정보에 중독되다

"모르는 게 약이다"란 속담을 들어봤을 것이다. 하지만 경력 발전과 관련해서는 이건 가장 터무니없고 위험한 거짓 진술 중 하나다.

무지(無知)는 직업상의 골칫거리다.

상사는 아는데 여러분은 모르는 정보가 있다면, 그것 때문에 문제가 생길 것이다. 예를 들어, 그들이 아는 여러분의 직무 요건, 여러분의 업무 수행 방식과 관련된 그들의 권한, 심지어 여러분에 대한 그들의 감정을 모른다면 피해를 입을 수 있다. '내가 모르는 게 뭘까?'라는 질문을 자신에게 끊임없이 던져야 한다. 본인의 일, 본인의 성과, 본인이 일하는 업계에 대해 모르는 게 있을 수도 있다. 전문적인 정보가 부족하거나 잘못된 정보를 알고 있는 부분을 해결하지 않은 채 방치할 경우, 경력 전체를 망칠 수 있는 사각지대가 된다.

정보는 무지의 해독제다.

무엇보다 먼저 정보부터 찾아야 한다. 내가 할리우드에서 처음 일하기 시작했을 때, 친구 한 명은 끊임없이 질문을 던지는 날 '꼬치꼬치 캐묻기 좋아하는 애'라고 불렀다. 그래서 난 "캐묻는 게 아니라 정보에 중독된 것뿐"이라고 말했다.

자기 직무와 관련된 더 큰 책임을 받아들일 때 중요한 첫 번째 단계는 자신의 직무 책임이 무엇인지 명확히 하는 것이다. 남들이 여러분에게 뭘 기대하는지 최대한 많이 찾아보자. 자기 직무가 뭔지 명백해 보이더라도, 업무의 모든 측면과 책임이 정확하게 명시되어 있지 않으면 오해와 단절이 발생할 가능성이 항상 존재한다. 이 정보를 어떻게 얻을 수 있는가?

자신의 직무가 명확하게 나와 있지 않다면, 물어보는 걸 두려 워하지 말자. 지금만큼은 자존심을 버려야 한다. 상사 앞에서 바 보처럼 보일지도 모르는 질문을 하는 게 두려워서, 상사가 자신 에게 뭘 기대하는지 계속 모르는 채로 지내는 사람들도 봤다. 그 질문을 끝까지 하지 않아서 직업적으로 불이익을 당하는 것보 다는, 상사가 짜증을 좀 내더라도 대답을 해주는 편이 낫다.

〈베스트 키드〉가 성공한 뒤에 내가 승진하지 못했을 때를 생 각해 보라. 만약 타임머신을 타고 그때로 돌아가서 기대치를 제 대로 정할 수 있다면 어떻게 될까? 이번에는 촬영을 시작하기 전 에 상사에게 면담을 요청해서 아주 직설적으로 말할 것이다. "나 는 이 회사를 위해 일하는 게 좋고, 회사는 내가 배우고 성장할 수 있는 기회를 제공해줬다. 나는 승진해서 더 많은 책임을 지고 회사에 더 큰 기여를 하고 싶다. 〈베스트 키드〉가 성공해서 수익 을 내게 되면 승진을 기대해도 되겠는가?"라고 물어볼 생각이다.

나는 당연히 승진하게 될 것이라는 기대를 품고 있었다. 그러 나 이런 기대가 현실적인지 평가해 보는 중요한 단계를 거치지 않았다. 이를 위해서는 상사의 직접적인 정보가 필요했다. 상사 에게 영화가 잘 될 경우 승진을 기대해도 되겠느냐고 물어봤더 라면 마음의 고통을 덜 수 있었을 것이다. 하지만 당시에는 그런 정보를 알아봐야겠다는 생각이 들지 않았다. 그래서 잘못된 추 측을 했고, 그 결과 기대하던 것을 얻지 못하자 절망했다. 그냥 물어보기라도 했더라면 내 인생이 얼마나 편해졌을까?

정보, 탁월한 능력, 경험은 여러분의 가장 중요한 직업적 자산이다. 정보에 중독되려면 무슨 수를 써서라도 정보를 손에 넣어야 한다. 첫 번째 단계는 보통 상사를 직접 찾아가는 것이다. 가능하면 만날 약속을 잡고, 필요한 정보를 얻기 위한 질문을 준비한다. 상사가 자신에게 기대하는 게 뭔지 제대로 이해하려면, 우선 본인이 생각하는 자기 직책의 주요 책임과 우선순위를 간단히 요약하는 데서부터 대화를 시작해야 한다. 그런 다음 상사에게 자신의 평가가 정확한지, 아니면 달리 집중했으면 하는 부분이 있는지 물어보자.

후속 질문을 던지는 걸 두려워하지 말자. 상사의 시간을 최대한 활용해서 의미 있는 개선을 이루는 데 필요한 정보를 얻은 뒤 면담을 마무리하면 된다. 연례 성과 검토 중에 이런 면담을 할 수도 있다. 잘 들으면서 메모하는 걸 잊지 말자. 참고로 경청과 메모는 여러분이 하는 모든 회의에 필요한 좋은 도구다. 준비된 자세로 와서 좋은 청취자가 되려고 노력한다면, 상사에게 강한 인상을 남기게 될 것이다.

또 하나 중요한 단계는 직장 내에서 자기 상사가 유일한 권력자가 아닐 수도 있다는 사실을 깨닫는 것이다. 회사를 실제로 운영하는 게 누구인지 잘 알고 있어야 한다. 경험이 많은 동료에게 회사가 여러분에게 기대하는 게 무엇인지 물어보고 이런 기대를 충족시키는 방법에 대한 조언을 구한다면, 자기 일을 더 잘 할 수 있을 것이다. 나도 경험 많은 동료들에게 어떻게 하면 일을 더 잘 할 수 있는지, 그리고 특정한 상황에서 사내 정치 문제를 잘 헤쳐 나갈 수 있는 방법 등에 대해 자주 물어보곤 했다. 그들 중 몇몇은 더 이상 함께 일하지는 않지만, 내가 오늘날까지 계속 의지하고 있는 멘토가 되었다. 그들이 내 직장 생활 중에 힘든 결정을 내리거나 어려운 시기를 이겨내는 데 얼마나 많은 도움을 줬는지 이루 다 말할 수 없을 정도다.

여러분도 자기만의 멘토를 찾는 걸 고려해보자. 어떻게 해야 그런 사람을 찾을 수 있느냐는 질문을 자주 받는데, 직접 찾지 못할 경우 얼마나 답답한지 잘 알고 있다. 그래도 걱정할 필요 없다. 여러분은 자신의 순수한 열정, 근면성, 긍정적인 태도, 일에 대한 헌신을 통해 적절한 멘토를 끌어들일 수 있다. 내가 만난 멘토 가운데 일부러 찾아 나선 사람은 한 명도 없다. 나는 뛰어난 능력과 열정을 안고 마음이 끌리는 진로를 추구했고, 내게 필요한 멘토는 전부 그 길을 가던 중에 만났다.

물론 좀 더 직접적인 경로로 멘토를 찾을 수도 있다. 하지만 누군가가 여러분에게 멘토링을 해주고 싶게 만드는 자질은 항상 똑같다. 또 탐색 범위를 제한하지 말자. 직장에서 멘토를 찾지 못할 경우, 실제로 만난 적은 없지만 본인의 일을 통해 여러분에게 영감과 가르침을 주는 이들을 통해 가상 멘토링을 받을 수도 있다.

그리고 큰 성공을 위한 준비를 갖추기 위해, 자신에게 질문을 던져보자.

- 상사에게 물어봤을 때, 내 직책에서 가장 중요한 3가지 업무는 뭐라고 대답할까? (이 질문에 답할 수 없다면 문제가 있는 것이니, 최대한 빨리 알아봐야 한다.)
- 직장 상사 외에 내가 도움을 청할 수 있는 사람은 누구일까?
- 의사소통 방식을 개선할 방법이 있을까?
- 회사나 내가 일하는 분야에 날 지도해 줄 사람이 있을까?

상사에 대해 배우자

자, 여러분에게 힘든 소식이 있다. 상사와 직접 대화를 나눠서 일이 잘 풀린다고 해도, 그들은 여전히 여러분에 대해 무언의 기대를 품고 있을지도 모른다. 왜? 어째서? 그들이 심리전을 쓰기 때문이 아니다. (물론 몇몇 상사는 심리전을 쓸 수도 있다.) 그들이 여러분에게 전달해야 한다고 미처 생각하지 못한 사항이 있거나, 굳이 말할 필요가 없다고 여기는 기대를 품고 있기 때문이다.

복잡하게 들리겠지만, 내 얘기를 계속 집중해주기 바란다. 의사소통에 서툰 상사들도 있다. 그들에게 가서 뭘 기대하는지 직접 물어보면 말을 더듬거나 당황할 수도 있다. 그들은 또 자기 기대를 제대로 표현하는 데 익숙하지 않을 수도 있다. 어떤 상사는 자신의 모든 기대를 일일이 검토하는 걸 꺼릴지도 모른다. 솔직히 말해, 그들은 많은 기대를 품고 있을 수도 있지만, 여러분이 그걸 이미 알고 있다고 가정하기 때문에 굳이 말로 전달할 필요를 못 느끼는 것이다. 그래서 상사의 성향을 잘 파악해야 하는 것이다. 명언에도 "인정받는 사람이 되려면 공부를 해야 한다"라는 말이 있다.

내가 "상사에 대해 알아두라"고 하지 않은 걸 알아차렸을 것이다. 상사를 알아두는 것과 상사에 대해 배우는 건 차이가 있다. 그들을 알아간다는 건 그들과 개인적으로 더 친해지는 것이다. 그들에 대해 배우는 것은 상사가 일하는 방식이나 그가 원하는 게 뭔지 명확히 파악하는 것이다. 자신의 상사를 진정으로 알지는 못할 수도 있지만, 그들에 대해 확실하게 배울 수는 있다.

마티 넴코(Marty Nemko) 박사는 〈사이콜로지 투데이〉에 기고한 "모든 직원이 해야 하는 10가지 일"이라는 제목의 기사에서 이에 대해 언급했다. 그의 해야 할 일 목록에 있는 많은 항목들은 의사소통과 관련이 있다. 그리고 그는 단순한 의사소통만으로는 충분하지 않고 기교를 발휘해서 능숙하게 소통해야 한다고 주장한다. "상사를 관리해야 한다. 상사의 우선순위와 그가 선호하는 상호작용 유형(자주 또는 가끔, 간결하게 또는 포괄적으로,

기대하지 마라

사실 중심 또는 느낌 중심, 비위 맞추기, 중립적 또는 비판적)을 정확하게 알아낸다. 그러나 불행히도 후자는 비판을 환영한다고 주장하는 관리자들 사이에서도 드문 경우다.”

상사에 대해 배우는 가장 좋은 방법 하나는 그들을 관찰하는 것이다. 달성하려는 목표에만 너무 많은 시간을 할애하다 보면 상사가 전하는 중요한 정보를 놓칠 수 있다. 상사가 여러분이나 팀에게 어떤 질문을 하는가? 상사의 우선순위는 무엇인가? 상사가 회의 때 중점적으로 거론하는 문제는 무엇인가? 이 질문에 답을 하지 못한다면 중요한 정보가 부족한 것이다. 상사가 전달하는 정보를 여러분이 받아들이지 않고 있다. 그래서 이 기술을 육감을 발달시키는 기술이라고 부른다. 관찰하는 데 시간을 들여 직업적인 육감이 발달하면, 자신에 대한 비언어적인 기대를 감지할 수 있다.

상사는 말로든 아니면 다른 방법으로든 항상 자기가 원하는 걸 전달한다. 매일같이 직업적인 직관을 발휘하는 건 여러분에게 달려 있다. 자기 일을 처리하는 동안에도 주변의 역학관계를 계속 관찰하면서 자기 사무실에서 실제로 어떤 일이 일어나고 있고 나는 거기에 어떻게 기여할 수 있는지 알아내야 한다.

자신에게 다음과 같은 질문을 던져보자.

- 상사의 성향은 어떻고 어떤 상호작용(회의, 전화, 이메일)에

가장 잘 반응하는가?

- 상사에게 중요한 것은 무엇인가?(ex. 시간 엄수, 창의성, 적극성, 프로세스)

- 내 관점을 연마하는 데 도움을 줄 수 있는 협력자가 회사 내에 있는가?

소통하고, 소통하고, 또 소통하라

보다시피 이 책에서 줄기차게 얘기하는 주제는 소통이다. 책임과 마감 시한이 끊임없이 생기고 바뀌는 직장에서는 소통이 결코 일회성일 수 없다. 상사의 특정한 기대에 부응하지 못할 것 같다고 인정하는 건 불편한 일이겠지만, 그래도 그렇게 하자. 미리 말을 하고 자기가 뭘 할 수 있을지 알아보는 게 훨씬 낫다. 또 시간을 더 달라고 요청하거나, 더 긴급한 마감에 모든 주의를 집중할 수 있도록 다른 업무는 잠시 중단하게 해달라거나, 상사에게 업무의 우선순위를 정하는 걸 도와달라고 하면 모든 업무를 완수할 수 있을 뿐만 아니라 더 중요한 일이 무엇인지에 대한 정보를 얻어서 특정한 책임을 완수하거나 전체적인 작업 부하를 분산시킬 수 있다.

앞서 얘기한 것처럼, 나는 과거에 몇몇 직원들과 어려움을 겪은 적이 있다. 그러다가 내가 아직 기대치를 제대로 전달하지 않왔다는 걸 깨닫고 머릿속에 불이 번쩍 켜지는 기분이 들었다. 그들에 대한 기대를 현실적으로 조정하긴 했지만, 그 내용을 명확하게 전달하지 않았던 것이다. 그러다가 갑자기 사람들이 내가 원하는 걸 이해해주길 바라면서 그 내용은 효과적으로 전달하지 않았으니 그들이 일처리를 제대로 못하는 게 당연하다는 걸 깨달았다. 내가 명확하게 말해주지 않으면, 다른 사람들이 어떤 일을 하는 올바른 방법을 자동으로 추론해낼 거라고 가정할 수 없다.

이제는 어떤 프로젝트를 하건 처음부터 소통에 더 많은 시간을 할애한다. 그리고 우리 직원들도 기여해야 하는 부분이 있다. 어떤 일이 내 기대에 미치지 못할 때, 우리는 무슨 일이 있었는지 논의하면서 직원들에게 각자의 관점을 얘기해 보라고 독려한다. 그리고 모든 직원은 어떤 방법이 자기에게 효과가 없을 경우 거부할 권리가 있고, 뭔가를 달성할 수 없는 경우에는 재협상할 기회를 얻는다. 우리가 항상 모든 사안에 의견이 일치하는 건 아니고 난 여전히 사장으로서의 권한을 유지하고 있지만, 이는 더 협력적이고 결과적으로 보다 지속 가능한 접근 방식이다.

시간이 지나자, 주변에서 일하는 사람들이 내가 그들에게 기대하는 바를 알아차리기 시작하는 게 느껴졌다. 하지만 그렇게 눈치로 깨우치는 걸 자신의 의무를 익힐 유일한 방법으로 삼는 것은 효율적이지도 공정하지도 않다. 그래서 이제 직원들이 내가 기대하는 바가 뭔지 안다고 생각하지 않기로 했다. 나는 특히 우리가 리더 역할을 할 때 자신의 관점을 모두가 공유한다고 가정하는 것이 우리가 저지를 수 있는 가장 큰 실수 중 하나라고 생각한다.

내가 원하는 걸 얻지 못한다면, 내 과정을 조정해야 한다는 것을 안다. 이럴 때는 의사소통을 더 잘할 수 있는 지점을 찾는 것부터 시작한다. 그런 다음 내 의사를 이해했는지 확인하는 추가적인 단계를 완료하려고 노력한다. 모든 것이 명확해지고 양측이 모두 합의를 한 뒤에는, 사람들이 적절하게 정해진 기대에 부응하지 못했을 때 책임을 물을 수 있다. 그래야만 결과가 생길 것이다. 이 과정에서 불편한 대화를 나눠야 할 수도 있지만, 길게 보면 모두에게 더 바람직한 일이다. 나는 문제를 진단하고 직원들과 함께 해결 방법을 모색해야 한다. 그런 뒤에도 해당 개인에게 문제가 지속된다면 이는 아마 그 일에 적합하지 않은 인재라는 신호일 테니 그가 회사를 나가야 할 수도 있다.

결과가 어떻든 간에, 이건 혼자서 멋대로 가정하다가 좌절하는 것보다 훨씬 생산적인 과정이다. 적어도 이 시나리오에는 모든 측면에 개선과 성장의 기회가 존재한다.

내 일과 관련된 문제를 상담해주는 모 코치는 내가 부하 직원이나 다른 업무상 동료들과 소통하는 걸 도와주기도 한다. 다시한 번 말하지만, 일을 하는 과정에서 분명히 크고 명확하게 의사를 전했다고 확신했는데 실제로는 내 메시지가 혼란스럽거나 모호하거나 모순적인 경우가 많았다. 그래서 이 부분을 개선하기 위해 정말 많은 노력을 기울였고, 모 코치는 내가 실제로 한 말을 다시 들려주면서 내 메시지가 남들에게 어떻게 받아들여질지 생각해 볼 수 있게 해줬다. 물론 여기서 가장 기초가 된 디딤돌은 내 기대치를 명확하게 정하고, 그게 현실적인지 아닌지 판단하여 주변 사람들에게 현실적인 기대를 전달하는 데 집중한 모든 노력이었다.

근면성이나 주도성, 후속 조치 등 내가 특히 존경하는 긍정적인 자질이 있다. 사람마다 가치관은 다 다르지만 나와 잘 맞는 사람들은 적어도 이런 자질을 어느 정도씩은 가지고 있고 그걸 이용해 사람들을 이끈다. 그들이 나와의 관계에서 보여주는 존중과 열정, 그리고 우리가 함께 하는 일에 대한 보답으로, 나는 그들이 좋아하는 일을 할 수 있는 기회를 주고 그들이 배우고, 탐색하고, 커리어를 넓힐 수 있도록 어떤 도움을 줄 수 있을지 항상 생각한다.

기대치를 충족시키는 게 아니라 초과 달성하자

승진을 하려면 상사의 기대를 충족시키기만 해서는 안 된다. 그 이상을 달성해야 한다.

이 말을 복창하기 바란다.

성공하려면 뛰어넘어야 한다!

상사가 어떤 기대를 갖고 있는지 확인한 다음, 그의 기대치를 뛰어넘는 건 여러분에게 달려 있다. 이건 잘 언급되지 않는 중요한 교훈이므로, 난 지금 여러분의 경력을 발전시킬 수 있는 진짜 비결을 알아내도록 돕고 있는 셈이다.

기대에 부응하는 건 매우 기본적인 일이므로, 이는 현상 유지와 마찬가지다. 그 기준을 달성하는 건 좋은 일이지만, 현상 유지로 경력을 발전시키는 건 매우 드문 일이다. 자기 직업에 요구되는 최소한의 일만 해도 월급은 받을 수 있겠지만, 기대치를 초과하는 일을 해내면 전망 좋은 고급 사무실을 차지할 수 있다.

주어진 임무 이상의 일을 하기 위해 노력하면 전례 없는 성공을 거둘 수도 있다. 어떻게 그러냐고? 탁월한 수준에 도달하기 위해 노력하는 사람은 거의 없다. 대부분의 사람들은 시키는 일만 하면 끝이다. 남들이 기대하는 것 이상의 사람이 되려고 노력하면 희귀한 존재가 되어 모두의 주목을 받게 될 것이다. 그러면 현재 직장에서든 새로운 직장에서든 성공은 여러분의 것이다. 그 탁월함의 씨앗이 계속 자라서 여러분이 가장 꿈에 그리던 직업과 삶으로 인도할 것이다. 그러니 매일 본인에게 요구되는 것 이상의 목표를 세우면, 그 어느 때보다 직업적으로 자유롭게 살 수 있을 것이다.

기대하지 마라

✅ 기대 체크리스트

1. 여러분이 현 상황에서 기대할 수 있는 것과 남들이 여러분에게 기대하는 것에 대해 상사나 다른 팀원과 진지한 대화를 나눠봐야 하는가?

   - 왜 지금까지 이런 대화를 피했는가? 원하는 대답을 못 얻을 것이라고 확신하는가? 하지만 그렇다고 하더라도, 불확실한 상태로 사는 것보다는 상사나 동료에게 정확한 정보를 얻는 편이 낫다는 걸 기억하자.
   - 이 대화를 준비하면서 두 사람 관계의 현실과 미래의 가능성을 명확히 하기 위해 상대방에게 물어봐야 하는 질문을 적어보자.

2. 현재 직장에서 겪는 대인관계 스트레스 중 상사나 동료, 업무상 가까운 사람이 원인일 수 있다. 가장 큰 원인은 무엇일까? 자신에게 솔직해지자. 상대에 대한 비현실적인 기대가 좌절의 원인인가? 그렇다면 상대의 행동이나 태도에 대한 더 현실적인 기대는 무엇일까?

3. 직장 생활을 하면서 만나는 사람들 중 관점을 잘 이해하면 도움이 되는 사람은 누구인가? 그들의 입장이 되어보면 무엇을 배울 수 있는가?

4. 현재 직장에서 행복해질 수 있는가, 아니면 자유롭게 새로운 걸 추구해봐야 하는가?

15장
자신의 감정을 느끼자

당신의 직업은 주급을 집에 가져다주는 게 아니라, 이 지구상에서 하도록 되어 있는 일을 영적 소명감이 느껴질 정도의 열정과 강도로 하는 것이다.

빈센트 반 고흐(Vincent van Gogh) 화가

———————

난 79시간 동안 잠도 안 자고 계속 노래를 만들었다. 그렇게 몰입해 있을 때는 약에 취한 것 같은 기분이다. 절대 멈추고 싶지 않다. 뭔가를 놓칠까 봐 두려워서 잠도 자고 싶지 않다.

닥터 드레(Dr. Dre) 음악프로듀서

중요한 건 관점이다. 조셉 레브 런 시몬스(Joseph Rev Run Simmons)는 『올드 스쿨 러브(Old School Love: And Why It Works)』란 책에서 설명한 것처럼, 대부분의 사람들이 보기에 인생의 절정에 오른 듯한 순간에 나락으로 떨어졌다. 런 DMC(Run DMC) 멤버로 최고의 명성을 누리던 그는 포럼(Forum) 공연의 헤드라이너로 출연하기 위해 로스앤젤레스와 와 있었다. 그는 가장 좋은 호텔의 프레지덴셜 스위트룸에 체크인해 마리화나에 불을 붙이고 거대한 자쿠지(물거품 욕조)에 물을 채우면서 아주 만족스러운 기분을 느꼈다.

그는 룸서비스에 전화를 걸어 자기 이름을 대고 점심시간이지만 푸짐한 아침식사를 배달해 달라고 부탁했다. 그리고 욕조에 몸을 푹 담그고 표제 기사를 위해 인터뷰를 하러 올 〈롤링 스톤스(Rolling Stone)〉 기자를 기다렸다. 하지만 호텔 방에서 기자와 마약 거래상, 롤스로이스 운전사 등 세 사람에게 문을 열어준 그는 뿌듯함과 만족감을 느끼기는커녕 정신적으로 무너져 내렸다. "그때 내가 물건을 소유한 게 아니라 물건이 나를 소유하고 있다는 깨달음을 얻었다. 당연히 내게 주어진 능력이라고 생각하고 얻은 이 모든 것, 모든 물건은 나를 행복하게 하지도 않고, 기쁨을 주지도 않고, 충만하게 채워주지도 않았다." 그저 당연한 것이라 생각했다.

그 순간 각성한 그는 성공에 대한 자기 생각이 완전히 틀렸고 공허하다는 걸 깨달았다. 그가 기쁨을 채우기 위해 정말 필요한 건 자기 삶에 나자신을 받아들이는 것이었다. 그는 래퍼 생활을 중단하거나 사랑받는 연예인으로서의 역할을 그만두지는 않았지만, 훌륭하고 풍족한 삶에 대한 생각은 크게 바뀌었다.

그는 아내 저스틴과 함께 쓴 이 책 뒷부분에서 관점 변화와 함께 찾아온 목적과 기쁨의 선물, 그리고 항상 영혼의 인도를 받으면서 생긴 심오한 변화들을 요약해서 설명한다. "어떤 일을 할 때 그 일이 반드시 내 것이 되어야 한다는 생각, 내가 이런 사람이니까 당연히 내게 주어져야 한다는 기대를 품지 않으면 모든 세상이 당신에게 열려 있을 것이다. 이는 당신이 하는 일에 쏟아붓는 애정 때문이다."

그렇다, 이런 지혜를 얻을 만큼 운이 좋은 사람들은 그게 사실이라는 것을 안다. 기대가 적을수록, 쏟아지는 다른 여러 가지 진정한 부 중에서도 특히 애정을 쏟을 여지가 많아진다. 그리고 자기 내면의 목소리와 영혼이 지시하는 일에 진정으로 귀 기울이면, 명예와 부마저 초라하게 만드는 진정한 목적을 가진 삶에 접근할 수 있다.

더 큰 목적에 대한 자신의 감정을 드러내려면, 다음과 같이 자문해보자.

- 나 스스로에게 완전히 솔직해지면, 내 마음이 진정으로 시

키는 일은 무엇일까?

- 돈이 문제가 되지 않는다면, 나는 어떻게 하루를 보낼까?
- 공허하게 느껴지는 성공이나 성취의 정의에 따라 살아가고 있는가? 잘 사는 인생의 상징으로 내게 더 의미 있는 것은 무엇일까?

잠재력을 드러내라

자신의 진정한 목적과 그곳으로 이끌어줄 목표가 명확해진 뒤에도, 자신을 재프로그래밍하고 꿈을 조정하는 게 하룻밤 사이에 이루어질 수는 없다. 그보다는 매일 반복해서 연습해야 한다. 비결은 자기 내면을 들여다보고 본능을 신뢰하는 중요한 첫 걸음을 내디뎠을 때 축적할 수 있는 힘에 의지하는 것이다.

그 어느 때보다 큰 자신감과 확신을 가지고 자기 말에 귀 기울이는 습관을 들이자. 샤드 헬름스테터(Shad Helmstetter) 박사가 쓴 베스트셀러 자기계발서인 『자신에게 해줘야 하는 말(What to Say When You Talk to Yourself)』에서 이 근육을 강화하는 데 도움이 되는 강력한 실천 방안을 찾을 수 있다. 30여 년 전에 70개 이상의 나라에서 출간된 이 책은 현재 45쇄를 달성했다. 헬름스테터 박사의 기본적인 접근 방법은 심오한 내적 변화를 일으킬 수 있다. "여러분이 적절한 종류의 새롭고 성공적인 정신 프로그램을 가지고 있다면, 지금 생계를 위해 하는 일을 앞으로도 계속 하겠는가? 그리고 지금과 다른 준비나 조건을 갖춘다면, 여러분의 미래는 어떻게 될까? 지금과 똑같을까, 아니면 더 나아질까?"

2장에서 내면의 소프트웨어를 다시 프로그래밍했던 것처럼, 우리는 언제든 자신을 다시 프로그래밍할 수 있다. 아래는 여러분이 다음에 취해야 할 가장 적절한 행동이 무엇인지 파악하도록 도와주는 질문이다. 자신에게 물어보자.

- 나는 어떤 재능을 타고났을까?
- 최소한의 노력을 기울여서 잘할 수 있는 일은 무엇인가?
- 내가 가야만 한다고 여겼던 실용적인 경로를 잊어버린다면, 내가 진정한 열정을 품은 일은 무엇일까?
- 내가 항상 호기심을 품었던 일은 무엇인가?

분명히 이 질문 중 일부는 다른 질문보다 더 큰 반향을 일으킬 것이다. 하지만 쉬운 대답만 골라서 하지 말라고 권하고 싶다. 시간을 들여 더 깊이 파고들어서 자신의 진짜 내면이 어떤지 알아보자. 이런 식으로 자신을 확장해서 경험하는 돌파구는 새롭고 놀라운 통찰력을 제공할 수 있다. 어떤 답을 자신의 진정한 길로 선택하든 간에, 그 방향으로 최소한 한 번은 능동적인 변화를 일으키겠다고 약속하자. 목표는 인생의 다른 모든 것과 마찬가지로 천천히 정해지고, 한 번에 하나씩 긍정적인 결정을 내리거나 기대치를 정한다.

그만둬도 괜찮을 때

인생의 다음 단계를 밟을 때는 전략적으로 행동해야 한다. 하지만 결국, 내 인생에서도 여러 번 그랬던 것처럼 그냥 무턱대로 해야만 할 때도 있다. 우리 문화권에는 하던 일을 그만두는 걸 안 좋게 바라보는 시선이 있고, 나 또한 어떤 일이 어렵다고 포기하는 건 절대 지지하지 않는다. 하지만 너무 자부심이 강하거나 고집이 세거나 부끄러워서 자기가 잘못된 길로 가고 있다는 사실을 인정하지 못한다면, 그건 자기가 선택하지 않은 삶을 사는 또 다른 방법이 될 뿐이다. 그건 자기에게 맞지 않는 일을 그만두는 것보다 훨씬 나쁘며, 특히 어느 쪽이 나은지 잘 알면서도 그러는 건 잘못된 일이다.

분노나 좌절을 느끼는 순간에 그만둬선 안 된다.

내 경험상 화가 나거나 좌절한 상태에서 결정을 내리면 항상 경솔하게 잘못된 선택을 하는 것 같다. 그러니 매일 하는 일에 좌절하거나 상사에게 화가 나더라도, 반발하고 싶은 유혹을 뿌리치자. 특히 경제가 불안정한 시기에는 더욱 그렇다. 별로 만족스럽지 않은 위치에 머물러야 하고, 직장문화가 싫고, 다른 일을 하고 싶어서 몸이 근질근질하더라도 침착하게 행동하자. 자신의 현재 상황을 최대한 활용하기 위해 모든 힘을 다 쏟아야 한다. 그리고 찾을 수 있는 장점을 찾아보자.

지금이 바로 전략을 세워야 할 때다. 마침내 때가 되었다고 느껴질 때 바로 다음 단계로 넘어갈 수 있는 전략을 마련해둬야 한다. 당장 그만둘 처지가 아니더라도 그렇게 해야 한다는 생각만으로도 탈출구를 만들고자 하는 의욕이 생길 수 있다(이력서를 새로 고치고, 새로운 업무 기회에 대해 묻고, 학교로 돌아갈 계획을 세우는 등). 아마 1년이나 6개월 정도 시간을 두고 그 사이에 앞으로 일어날 일에 대한 질서정연한 계획을 세우게 될 것이다. 그때부터는 직장에서 화가 날 때마다 조만간 퇴사해서 성공하기 위한 전략으로 관심을 돌리자. 그러다가 마침내 모든 게 제대로 정렬되면 혹은 내 경우처럼 아직 아무것도 제자리를 찾지 못했지만 자신의 영혼이 신호를 보내면 이제 떠나야 할 시간이라는 걸 아주 분명하게 알게 될 것이다.

이런 식의 사전 숙고와 자제력을 가지고 접근하면, 회사를 그만두는 것이 곧 자신에게 좋지 않은 것은 놓아주는 동시에 도움이 되는 건 받아들일 공간을 만들어준다. 인생의 다음 장에 도달하기 위해 장애물을 극복해야 했기 때문에, 실제로 성공할 가능성을 훨씬 더 높여주는 긍정적인 전략적 움직임이 될 수 있다.

기대하지 마라

비즈니스 성장 전략가이자 성공 코치인 헬렌 로(Helen Roe)는 "때로는 그만두는 것이 최선의 선택인 7가지 이유"라는 글에서 그만두는 것의 이점에 대해 이야기한다. 그녀가 지적한 것처럼, "언제 그만둬야 할지, 일이 더 이상 자기에게 맞지 않는다고 느껴지는 때가 언제인지 본인은 안다. …… 이건 노력 문제가 아니라 인식과 관련된 문제다. …… 그래서 때로는 그만두는 게 가장 좋은 방법일 때가 있다."

옳은 일을 하는 게 항상 안전하지만은 않다.

우리의 감정은 영적, 정서적 온도계다. 앞서도 말했지만 본인의 감정과 접촉하는 것은 자기가 실제로 어떻게 하고 있는지 평가하는 데 있어 매우 중요하다. 상황을 어떻게 해결해야 할지 확신이 서지 않을 때가 많기 때문에 자신의 진로 방향에 대한 부정적인 감정을 숨기곤 한다. 여러분이 방금 읽은 것처럼, 나도 다 겪어본 일이다. 하지만 두 번 다 충동적으로 그만둘 지경에 이르기 전에, 내가 느끼는 감정을 진정으로 받아들이고 더 이상 도피하지 않을 용기를 찾아야 했다. 자신의 감정이 어떠한지, 지금 어느 지점에 있는지, 왜 그게 자신에게 효과가 없는지 확실하게 알아두면 결국 여러분이 있어야 할 곳으로 이끌어줄 것이다.

더 많은 성과 달성

불안정한 기대가 어떻게 가짜 목표를 만들어서 여러분의 시간과 에너지를 잘못된 방향으로 낭비하게 할 수 있는지 기억하는가? 이를 해결할 정확한 해독제는 기대치를 정하는 것이다.

기대치를 정하면 더 많은 성과를 거둘 수 있다는 또 다른 이점도 있다.

어떻게 그게 가능하냐고? 현실에 확고하게 기반을 둔 기대치를 정해두면 실제로 생산성이 높아질 수 있다. 왜 그럴까? 더 이상 비현실적으로 살거나 생각하지 않고, 내일 일어날 일에 극도로 집중하고 있어서 오늘 해야 할 일을 미루지 않기 때문이다. 이제 여러분은 다른 사람이 자기를 위해 뭔가를 해주길 기대하며 기다리지 않는다. 이것이 자신의 삶이고, 자기가 통제하고 있다는 것을 분명히 알고 있다.

또 여러분이 기대를 전달한 적이 없거나 상대방이 그에 동의한 적이 없기 때문에 다른 사람이 절대 하지 않을 일을 기대하면서 좌절하거나 화를 내는 등 부정적인 감정에 시간과 에너지를 낭비하지 않을 것이다. 대신 이제는 다른 사람에게 책임을 물을 수 있다. 그리고 올바른 프로세스를 적용하면 현재 위치에서 원하는 위치로 혼자 혹은 단체로 이동할 수도 있다. 이렇듯 명확한 초점과 목적은 당연히 목표 달성을 위한 에너지를 많이 제공해서 더 많은 걸 이루도록 도와줄 것이다. 이제는 지나치게 많은 기대를 안고 있을 때와 다르게 소중한 에너지를 낭비하지 않기 때문이다.

기대치를 정해두면 더 효율적으로 일할 수 있는 기회가 생기고, 자기 일에 정말 집중하면서 개인적인 힘을 제대로 활용할 수 있다. 기대를 정하는 과정과 관련된 모든 것이 여러분의 에너지를 자유롭게 하고 더 생산적인 능력을 연마하는 데 도움을 줄 수 있다.

흐름을 따라가자

구부리지 않으면 부러진다. 인생은 유연하게 살아가야 한다.

새로운 정보 앞에서도 안정적인 태도를 유지하려면 기대치를 수정하는 걸 편안한 마음으로 받아들여야 한다. 예를 들어, 팬데믹 기간에 나는 다른 사람들처럼 원격으로 일했고 우리 회사 직원들도 모두 마찬가지였다. 사무실에 모두 모여서 일을 하지 못하니까, 갑자기 성과를 올리기가 좀 힘들어졌다는 걸 인정해야겠다. 모든 일이 내가 원래 예상했던 시간 안에 완료될 거라고 기대할 수가 없었다. 우리가 살고 있는 이 새로운 세상을 감안해서 좀 더 현실적이고 새로운 기대를 정해야만 했다.

또 거의 모든 영화와 TV 제작이 일시적으로 중단되었다. 어떤 영화가 언제 만들어질 것인지에 대한 기대가 더 이상 현실적이지 않다는 걸 인정하면서 이 부분에 대한 기대치도 바꿔야 했다.

여기서의 원칙은 기대치를 정했다고 해서 융통성이 없어질 정도로 그걸 숭배해서는 안 된다는 것이다. 융통성을 발휘하지 않으면 개인적으로, 영적으로, 그리고 어쩌면 직업적으로도 무너질 것이다. 새로운 정보를 받았을 때 기대치를 조정해서 새로운 기대치를 정하는 걸 두려워하지 말자. 그렇다고 해서 목표를 포기해야 하는 건 아니다. 하지만 목표 달성까지 걸리는 시간에 대한 기대치를 바꿔야 할 수도 있고, 그런 다음 예상 시간을 다시 조정해야 할 수도 있다.

이건 유동적인 과정이다. 그리고 누구나 모든 걸 통제하고 싶어 하기 때문에 유연성은 우리 모두가 키워 나가야 하는 자질이다. 끊임없이 평가하고, 수정하고, 다시 설정하는 데 전념해야 한다.

부러진 뼈에 대한 비유를 다시 들자면, 의사는 부러진 다리에 깁스를 할 수 있다. 하지만 엑스레이를 확인한 결과 뼈 위치를 다시 맞추지 않으면 제대로 낫지 않으리라는 걸 알게 된다. 그래서 다리를 다시 부러뜨리고 뼈를 다시 맞춰서 더 튼튼하게 만든다. 다리를 다시 부러뜨린 순간에는 물론 아프겠지만, 결과적으로 다리가 제대로 치유되도록 도와줄 것이다.

이건 절대 실패하지 않는 방법이니 나쁘게 여기지 말아야 한다. 여러분이 기대치를 정하는 순간부터, 여러분의 인생과 신은 때때로 길을 바꾸거나 경로를 다시 설정해야 한다는 메시지를 보내기 시작할 것이다.

이건 영화 제작자가 되고자 했던 내 꿈과 비슷하다. 어떻게 해야 영화 제작자가 될 수 있는지도 정확히 몰랐다. 그냥 의도를 정하고 기대치를 정했다. 그리고 새로운 정보가 생길 때마다 내가 기대하던 것들을 조정했다. 하지만 언젠가 꼭 할리우드 제작자가 되겠다는 진짜 목표는 계속 유지했고, 결국 해냈다. 다만 그 방법과 시기는 융통성 있게 조정해야 했다.

예상치 못한 결과를 예상하자

기대치를 적절하게 설정하고 인생이 원하는 위치에 정확하게 정렬되어 있다고 생각하거나, 아니면 적어도 앞으로 나아가기 위한 좋은 프로세스를 갖추고 올바른 방향으로 전진하고 있다고 여길 수도 있다. 하지만 인생에 좌절이나 분노의 순간이 찾아오지 않을 거라는 보장은 없다. 기대가 아무리 현실적이고 그걸 아무리 명확하게 전달했더라도 여전히 좌절에 직면하게 될 것이다. 여러분은 삶이 여러분을 위해 준비한 놀라움에 직면했을 때도 개인적인 회복력을 어느 정도 개발하고, 육성하고, 유지해야 할 필요가 있다.

대부분의 사람들에게 2020년은 이런 현상의 완벽한 예이다. 모든 사람이 1월에 새해 결심을 하면서 최대한 긍정적으로 한 해를 시작하려고 할 때, 우리는 역사상 가장 심각한 도전 중 하나인 코로나 19를 경험하기 직전이라는 걸 전혀 몰랐다.

인생길에는 예상치 못한 커브가 나타난다는 걸 예상해야 한다.

살다 보면 계획할 수 없는 일들이 일어날 것이다. 하지만 그것에 대비해두면 두려움은 줄어들고 희망은 커질 것이다.

팬데믹 초기에, 보스턴 셀틱스(Boston Celtics)와 미네소타 팀버울브스(Minnesota Timberwolves)라는 NBA 팀에서 인생 코칭을 해달라는 요청을 받았다. 나는 열렬한 농구 팬이기 때문에 이건 내가 매우 좋아하는 단체와 함께 일할 수 있는 흥미로운 기회였다. 하지만 개인적인 차원에서는, 이 재능 있는 선수들이 코트 밖에서 살아갈 때 필요한 균형 있는 시각을 제공해 힘든 시기를 이겨내도록 도울 수 있는 기회를 얻은 것이 훨씬 보람 있는 일이었다.

내가 줌(Zoom)을 이용해서 강연을 할 때, 선수들은 이미 몇 달 동안이나 경기를 하지 못한 상태였다. 그들은 상실감을 느낀다고 말했다. 이들은 연습이나 경기를 하지 않으면 뭘 해야 할지 몰랐다. 이들은 운동복을 입고 코트에서 자리를 지키면서 팬들의 응원을 받지 않으면 자기가 누구인지조차 알 수 없었다. 따라서 예상치 못한 이런 상황에 대처하는 데 어려움을 겪고 있었다.

기대하지 마라

나는 이렇게 말했다. "농구는 당신이 하는 일이지만, 농구가 곧 당신은 아니다. 당신 안에는 농구 코트에 서 있는 사람 말고도 더 많은 것이 있다. 코트 밖에 있는 당신이 코트에 있을 때의 당신보다 훨씬 더 중요하다."

우리가 누구인지 이해하는 것이 우리의 닻이 되어, 삶이 어떤 폭풍을 몰고 오든 이겨낼 수 있게 도와준다. 우리는 자신의 정체성과 자기가 하는 일을 착각하는 경우가 매우 많다. 그 결과, 살면서 예상치 못한 일이 일어나면 우리의 정체성이 뿌리째 흔들린다. 힘든 시기를 겪을 때는 우리가 무슨 일을 하느냐가 중요한 게 아니라 자신의 본질이 중요하다는 걸 기억해야 한다.

이런 사실을 알면 그 상황에서 뭘 기대할 수 있는지 확신이 서기 때문에 예상치 못한 상황도 견뎌낼 수 있다는 걸 깨달았다. 여러분은 전에도 이미 힘든 시간을 겪은 적이 있고, 이번에 닥친 힘든 시간도 이겨낼 것이다. 하지만 예상치 못할 만한 일을 미리 예상했다고 하더라도, 어떻게 해야 삶이 완전히 망가지는 일 없이 그 놀라운 사건들을 헤쳐 나갈 수 있을지 궁금할 것이다.

둘째, 애벌레와 고치를 생각해 보자. 애벌레가 고치 안으로 들어가면 좁고, 어둡고, 극도로 외로운 장소에 있게 된다. 그러나 이런 어려운 환경에서도 애벌레는 변화하고 있다는 걸 상기시키고 싶다. 애벌레가 잠재력을 최대한 발휘하려면 반드시 이 힘든 과정을 거쳐야만 한다. 때가 되면 나비로 변신한 애벌레가 나타난다. 고치 속의 애벌레처럼, 여러분이 직면한 모든 어려움은 여러분의 근본적이고 긍정적인 개인적 변화를 위한 새로운 기회다.

예상치 못한 순간을 받아들이는 법을 배우자.

내 인생을 돌이켜보면서 가장 성취감을 느꼈던 때가 언제인지 생각하면, 내 앞을 가로막는 놀라운 사건을 이겨냈던 때였다. 나는 또 지금 어떤 일이 일어나고 있는지, 그 일을 어떻게 생각하는지, 그것에 대처하기 위해 내 기대치를 어떻게 수정해야 하는지 등에 대해 스스로 솔직해지려고 노력했다.

이것은 또 다른 중요한 사실을 시사한다. 여러분이 시련을 겪는 동안 이룬 개인적 발전은 인생의 모든 영역에 도움이 될 것이다. 책을 읽자. 멘토를 구하자. 그게 무엇이든, 자신의 실천 방안을 완벽하게 다듬자. 더 나은 자신이 되기 위해 노력하자. 이것이 불확실한 시기에 여러분이 진정으로 통제할 수 있는 유일한 것이다,

✅ 기대 체크리스트

1. 더 심오한 목표를 향해 나아가기 위해 오늘 당장 실행에 옮길 수 있는 3가지 단계가 있는가?

2. 더 건전한 선택을 하고 가장 진실한 최상의 자신이 되기 위해, 자기 것이 아니거나 더 이상 본인에게 도움이 되지 않는 믿음과 목표에서 벗어날 수 있는가?

기대!

자신의 기대치를 올바르게 설정하는 작업을 하면, 자기가 항상 가질 수 있다고 믿었던 삶의 무대가 마련된다.

그 변화는 정말 심오하다. 그것이 바로 기대치 설정에 관한 이 교훈이 문화 혁명을 일으킬 수 있는 이유다. 이미 수천 명에게 이 메시지를 전했는데, 내가 가르쳤던 다른 메시지와는 완전히 다른 반응을 얻었다. 왜 그럴까? 우리가 누구고 어디에 있든 상관없이 기대는 우리 모두에게 영향을 미치기 때문이다. 남녀노소, 미혼, 기혼 할 것 없이 다들 기대치를 관리하는 데 어려움을 겪는다. 보편적인 문제라는 얘기다. 이 메시지가 강력한 반향을 불러일으킨 이유도 그 때문이고, 앞으로도 계속 그럴 것이다.

자유로운 기분으로 진정한 자신이 되자

몇 년 만에 처음으로, 아마 '미스터 퍼펙트'라는 별명으로 불리던 어린 시절 이후 처음으로. 사람들이 데번 프랭클린이라는 자에게 원하는 어떤 기대에 부응해야 한다는 의무감을 느끼지 않게 되었다. 개인적으로 진정한 내가 누구인지 깨닫지 못한 채, 대외적으로 비춰지는 내 모습에 대한 잘못된 인식에 집착해 왔다는 걸 알았다. 내게는 지금 이 순간 내가 아는 것보다 훨씬 많은 것들이 잠재되어 있다. 이제는 그걸 보고 느낄 수 있기에, 이 새로운 사고방식과 존재가 지닌 힘을 여러분과 나눠야 한다는 소명을 느끼게 되었다.

우리에게 정말 중요한 건 자유다. 자유로워지는 쪽을 선택해야 하고, 때로는 자유로워지기 위해 싸워야 한다. 여러분은 본인이 창조된 대로 살아갈 자유가 있다. 어디에서 어떻게 살고, 무엇을 공경하고, 누구를 사랑할지 자유롭게 선택할 수 있다. 여러분은 자기가 되고 싶은 사람이 되어야 한다. 그리고 그렇게 하는 과정에서 자유롭게 사는 법을 알게 될 것이다.

자유롭게 산다는 건 아무 기대 없이 사는 게 아니라, 자기가 정한 기대대로 사는 것이다.

자신에 대한 기대를 정함으로써 자유롭게 사는 법을 배운다는 건 여러분에게 매우 새로운 개념일 수 있다. 결국 스스로에게 너무 가혹하게 굴어서는 안 된다는 얘기다. 다른 사람에게도 너무 가혹하게 굴지 말자. 스스로 배우고 익힐 시간을 줘야 한다. 의도한 대로 삶을 펼쳐 나갈 시간을 줘야 한다. 쉴 시간을 줘야 한다. 긴장을 풀자. 자신을 너무 힘들게 하지 말자. 여러분은 자신에 대한 최악의 비평가가 될 수도 있다. 하지만 자신을 더 높이 평가하자. 왜 그래야 하는지 아는가? 생각보다 잘하고 있기 때문이다.

이 일을 할 때 누군가가 여러분에게 뭔가를 기대한다고 해서 그게 잘못된 건 아니다. 여러분이 그 기대에 부응하는 데 동의한다면 좋은 일이고, 부응하지 않더라도 그건 여러분의 선택이다. 중요한 건 여러분이 자유롭게 살고 있는지, 원하는 삶을 선택했는지, 자신이 살아야 할 운명인 삶을 선택했는지 확인하는 것이다. 의무적으로 살아야 하는 삶이나 남들이 기대하는 삶이 아니라, 자기가 직접 선택하고 신이 여러분을 위해 만들어준 삶을 살자.

고통도, 원망도, 살면서 누군가에게 화를 내느라 썼던 기운도 다 놓아버리자. 감정의 차단막을 뚫고 자유를 얻자.

이는 GPS 앱을 켜고 주소를 입력한 다음 목적지를 설정하는 것과 같다. 여러분의 기대가 곧 방향이 된다. 기대치를 정한다는 것은 곧 인생의 방향을 정하는 것이다. 그러니 올바른 방향으로 나아가고 싶다면, 자유롭게 살고 싶다면, 이 힘을 매일 사용해야 한다.

날마다 자신의 진로를 정하자. 그날 가고자 하는 목적지를 정하자. 그 주에 가고 싶은 곳을 정하자. 그 달의 목표 지점을 정하자. 그 해에 도달하고 싶은 곳을 정하자. 목적을 가지고 현실적으로 진로를 정할수록 원하는 곳에 도달할 뿐만 아니라 그보다 더 멀리까지 나아가게 되는 경우가 많다는 사실에 놀랄 것이다. 여러분은 자기가 되고 싶은 사람이 될 뿐만 아니라, 훨씬 더 위대한 사람이 될 수도 있다. 진정한 자신이 되면 지금보다 더 적은 짐을 지고 살게 될 것이다. 그러니 기쁨도 늘어난다.

주변 사람들이 다가와서 "무슨 일 있어? 뭐 달라진 게 있는 거야? 이런 모습 처음 봐"라고 말하기 시작해도 놀라지 말자.

그들에게 진실을 말할 수 있다. 여러분은 지금 자신에게 공을 들이고 있다. 평생 짊어지고 다니던 무게의 일부를 덜기 위해 노력하는 중이다. 그러기 위해서는 그냥 자신의 기대치를 적절하게 설정하기만 하면 된다. 그러면 자유롭게 살 수 있다.

기대하지 마라

초판 1쇄 발행   2022년 3월 5일

지은이 ｜ 데번 프랭클린
발행인 ｜ 홍경숙
발행처 ｜ 위너스북

경영총괄 ｜ 안경찬
기획편집 ｜ 안미성, 박혜민
마케팅 ｜ 박미애

출판등록 ｜ 2008년 5월 2일 제2008-000221호
주소 ｜ 서울 마포구 토정로 222, 201호(한국출판콘텐츠센터)
주문전화 ｜ 02-325-8901
팩스 ｜ 02-325-8902

표지 디자인 ｜ 90F
본문 디자인 ｜ 김수미
지업사 ｜ 한서지업
인쇄 ｜ 영신문화사

ISBN   979-11-89352-50-9   (13190)